# Explore Italy and its Regions

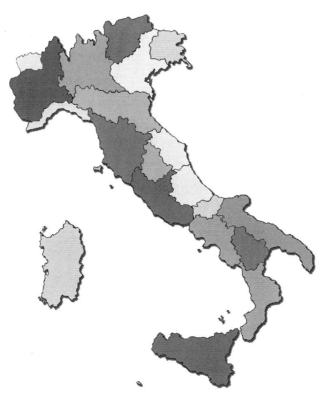

## Esplora l'Italia e le sue Regioni

Handbook/Workbook with language activities, maps, games, and tests

Bilingual Edition: Italian and English

Long Bridge Publishing

Explore Italy and its regions - Esplora l'Italia e le sue regioni
Handbook/Workbook with language activities, maps, games, and tests.
Bilingual edition: Italian and English

Copyright © 2013 Long Bridge Publishing

BULK PURCHASE: Long Bridge Publishing's books are available at special discount for premiums and sales promotions, as well as for fund raising use. Special editions and book excerpts can be created to specifications. For details, please contact us at info@longbridgepublishing.com

**Publisher's Cataloging in Publication Data**

Explore Italy and its regions - Esplora l'Italia e le sue regioni
Handbook/Workbook with language activities, maps, games, and tests.
Bilingual edition: Italian and English
p. cm.
SUMMARY: Introduction to Italy's geography and to its twenty regions, with activities and answer keys for Italian language students. Bilingual edition: parallel text in Italian and English
ISBN-13: 978-1-938712-01-2
ISBN-10: 1-938712-01-3
1. Italian regions 2. Italy - Geography 3. Italy--Description and travel 4. Italian language materials --Bilingual.
     I. Title

Long Bridge Publishing
USA
www.LongBridgePublishing.com

ISBN-13:  978-1-938712-01-2
ISBN-10:  1-938712-01-3

# Contents - Indice

# INTRODUCTION

*Explore Italy and Its Regions* is a bilingual handbook in Italian and English designed to help students learn and understand Italian geography, history, language, and traditions.

The book contains three main sections:

The first one gives intermediate level students an overview of Italy, written in simple language, and a brief introduction to each region. It includes maps and illustrations to help readers locate places and understand words and concepts along with simple games designed to entertain and spur curiosity.

The second section is intended for more advanced students who wish to read and learn more about Italy and discover additional facts about its twenty regions. The language of this second section is slightly more advanced and the facts described are meant to appeal to more experienced readers.

A third section is in the form of a workbook with reproducible games, language activities, and tests. It is designed as a tool for teachers, care providers, and parents who wish to reinforce the concepts introduced in the previous sections and evaluate the level of comprehension of the students.

Each section of the book is written in both Italian and English. The two languages are always displayed on two pages facing each other, so that the use of a dictionary is not necessary.

We have chosen to use direct translation throughout the book, with just a few exceptions, such as when the translation does not work well in the second language.

The answer keys are included at the end of the book.

# INTRODUZIONE

*Esplora l'Italia e le sue Regioni* è un libro bilingue con testo in italiano e in inglese creato per aiutare studenti di diverse capacità nell'apprendimento e nella comprensione della geografia, della storia, della lingua e delle tradizioni italiane.

Il testo comprende tre sezioni principali:

La prima presenta una panoramica dell'Italia scritta con un linguaggio semplice e adatto a studenti di livello intermedio, e comprende una breve presentazione per ogni regione. Nel testo sono state inserite cartine ed illustrazioni per aiutare gli studenti ad individuare l'ubicazione dei luoghi e a comprendere parole e concetti. Sono stati inoltre inseriti indovinelli al fine di divertire e stimolare la curiosità degli studenti.

La seconda parte è stata realizzata per studenti di livello più avanzato che desiderano leggere e scoprire più informazioni riguardanti l'Italia e le sue venti regioni. Il linguaggio usato in questa sezione è leggermente più complesso e le informazioni contenute sono adatte a lettori con più esperienza.

La terza sezione si presenta come un libro di esercizi con giochi, attività linguistiche e questionari fotocopiabili. Questa sezione è stata creata per offrire agli insegnanti e ai genitori uno strumento per aiutare gli studenti ad assimilare i concetti esplorati nel libro e per valutare il loro livello di comprensione.

Ciascuna sezione è stata scritta in inglese e in italiano. Le due lingue sono sempre presenti, in parallelo, su due pagine l'una di fronte all'altra, così da poter leggere il testo senza l'uso del dizionario.

Nel libro si è scelto di utilizzare la traduzione letterale, salvo in quei rari casi in cui questo tipo di traduzione crea un testo poco scorrevole.

Alla fine del libro è stato incluso l'elenco delle soluzioni.

# How to use this book

Both beginner and advanced students should start using the book by reading **Part One -** *Italy*, in order to gain a general understanding of Italy. After that, those seeking to learn about each region individually can proceed to the second section of Part One, ***Regions***, which describes the main features of the twenty Italian regions.

Advanced students can then learn more by reading the following section, **Part Two**, which includes more facts about Italy and its regions.

Students of all levels will be able to reinforce their learning by completing the activities and tests contained in **Part Three** of the book. Each activity is designed to help students recognize words and remember concepts found throughout the book.

Part Three contains activities for beginning students and for more advanced learners. For ease of use, each activity refers to a particular page or section of the book, highlighted in the title printed on the top of the activity or test page.

 At the end of the book teachers and students will find the answer keys for the activities included in Part One and in Part Three.

# Come utilizzare questo libro

Si consiglia agli studenti sia principianti che avanzati, di cominciare la lettura della prima parte del libro, **Modulo Uno**, dedicata all'**Italia**, così da acquisire una visione generale del paese. Gli studenti interessati ad apprendere nozioni riguardanti le singole regioni, possono procedere alla lettura della seconda sezione del Modulo Uno, le **Regioni**, che descrive le caratteristiche principali delle venti regioni italiane.

Gli studenti di livello avanzato possono trovare maggiori informazioni e letture nella seconda parte del libro, **Modulo Due**, che racchiude approfondimenti sia sull'Italia che su ciascuna regione.

Per assimilare i contenuti del testo, gli studenti di ogni livello hanno a disposizione semplici questionari ed esercizi linguistici nella terza parte del libro: **Modulo Tre**. Gli esercizi sono stati creati per aiutare gli studenti nel processo di comprensione delle parole e di memorizzazione dei concetti presenti nel testo.

Il Modulo Tre raggruppa esercizi sia per studenti di livello principiante-intermedio che per studenti di livello più avanzato. Ciascun gruppo di esercizi si riferisce ad una precisa pagina o parte del libro, la quale è sempre indicata in alto, nel titolo della pagina degli esercizi.

Alla fine del libro sono riportate le soluzioni agli esercizi presenti nei moduli Uno e Tre.

# PART ONE

# -

# MODULO UNO

Italy and its regions

*L'Italia e le sue regioni*

# 1

# ITALY

Italy is a country with a characteristic boot shape.

It's located in southern Europe next to France, Switzerland, Austria, and Slovenia. The rest of Italy's territory is surrounded by the sea, which is why the country is called a **"peninsula"**.

The sea surrounding Italy is called the **Mediterranean Sea**.

Italy is a parliamentary republic and its **president** is elected every seven years.

Italy's capital is the city of **Rome**.

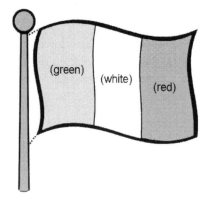

(green) (white) (red)

The Italian **flag** is made of three rectangular stripes: the first one near the pole is green, the second one is white and the third one is red.

# ITALIA

L'Italia è un paese dalla caratteristica forma a stivale.

Si trova nella parte Sud dell'Europa e confina con la Francia, la Svizzera, l'Austria e la Slovenia. Il resto del territorio è circondato dai mari e per questo l'Italia è chiamata una "**penisola**".

Il mare che circonda l'Italia si chiama **Mar Mediterraneo**.

L'Italia è una repubblica parlamentare con a capo un **presidente** che viene eletto ogni sette anni.

La capitale d'Italia è la città di **Roma**.

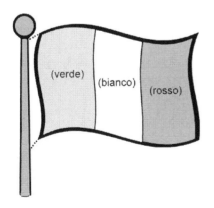

La **bandiera** italiana è composta da tre strisce rettangolari: la prima, quella vicino all'asta, è di colore verde, la seconda è bianca e la terza è rossa.

The **Italian National Anthem** was written by Italian poet Goffredo Mameli and is called either "Fratelli d'Italia" (Brothers of Italy) or "Mameli's Anthem."
This is a translation of the beginning of the Anthem, which is also its best-known part:

*Brothers of Italy,*
*Italy has woken,*
*and placed Scipio's helmet*
*upon her head.*
*Where is Victory?*
*Let her bow down,*
*for God created her*
*slave of Rome.*

*Let us join in a cohort,*
*we are ready to die.*
*We are ready to die,*
*Italy has called.*
*Let us join in a cohort,*
*we are ready to die.*
*We are ready to die,*
*Italy has called!*

The Italian Republic's **emblem** is a coat of arms representing Italy. It includes:

- A **star** to represent Italy
- A **toothed wheel**, which stands for work
- **Olive** and **oak** branches: the olive branch represents peace while the oak stands for the dignity of the Italian population. Olive and oak trees are very common in Italy.

L'**inno nazionale** italiano è stato scritto dal poeta italiano Goffredo Mameli ed è chiamato "Fratelli d'Italia" o "Inno di Mameli". La parte più conosciuta dell'inno è quella iniziale:

*Fratelli d'Italia,*
*l'Italia s'è desta,*
*dell'elmo di Scipio*
*s'è cinta la testa.*
*Dov'è la vittoria?*
*Le porga la chioma,*
*che schiava di Roma*
*Iddio la creò.*

*Stringiamci a coorte,*
*siam pronti alla morte.*
*Siam pronti alla morte,*
*l'Italia chiamò.*
*Stringiamci a coorte,*
*siam pronti alla morte.*
*Siam pronti alla morte,*
*l'Italia chiamò!*

L'**emblema** della Repubblica Italiana è uno stemma che rappresenta l'Italia. È formato da:

- Una **stella**, che rappresenta l'Italia
- Una **ruota** dentata, simbolo dell'attività lavorativa
- I rami di **ulivo** e di **quercia**: il ramo di ulivo simboleggia la pace, mentre il ramo di quercia rappresenta la dignità del popolo italiano. L'ulivo e la quercia sono alberi molto comuni in Italia.

The Italian **population** is estimated to be about sixty million people, mostly concentrated in the cities.

The official **language** is Italian: however, some other languages are spoken in certain areas. There are also numerous dialects.

Italy's **landscape** is really diverse and includes:

- mountains
- plains
- lakes
- rivers
- volcanoes
- islands

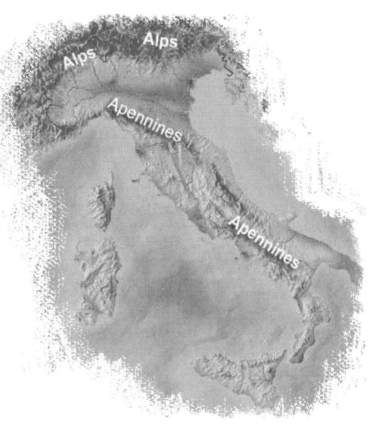

The highest mountain summits are located in the north of Italy, in the mountain range called the Alps. The mountain range crossing Italy from north to south is called the Apennines.

The highest point in Italy is Mont Blanc, which is in the Alps on the border between Italy and France.

The main rivers are Po, Arno and Tiber.

La **popolazione** italiana conta circa sessanta milioni di abitanti e si trova principalmente nelle città.

La **lingua** ufficiale è l'italiano, ma in alcune zone si parlano anche altre lingue. Esistono inoltre moltissimi dialetti.

Il **paesaggio** italiano è molto vario e comprende:

- montagne
- pianure
- laghi
- fiumi
- vulcani
- isole

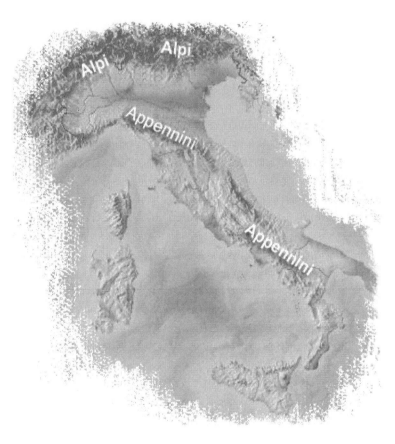

Le catene di montagne dalle cime più alte si trovano a nord e si chiamano Alpi. Le montagne che percorrono l'Italia da nord a sud sono chiamate Appennini.

La cima più alta è il Monte Bianco, nella catena delle Alpi, vicino al confine con la Francia.

I fiumi principali sono il Po, l'Arno e il Tevere.

The largest lakes are Lake Maggiore and Lake Garda.

Some Italian **volcanoes** are still active: among them Mount Etna, in Sicily, is the highest. Italy's most infamous volcano is Mount Vesuvius; about two thousand years ago it buried the two ancient cities of Pompeii and Ercolano with its ashes.

The Italian **climate** is very diverse as well, ranging from cold winters in the North and in the mountainous regions to mild temperatures in the South and along the coastal areas. Summers are warm in most areas while springs have changeable weather and are often rainy. This type of climate is called Mediterranean.

Mediterranean climate is suitable for the cultivation of many trees and plants that provide the main ingredients of the Italian **cuisine**. Some of the best-known and most used ingredients of the Italian cuisine are olives and olive oil, tomatoes, and citrus fruits (oranges and lemons). Wine, cheeses and cold cuts are some of the most typical Italian products.

Italy is a country rich in **history** and **traditions**.

The country has been inhabited since the Stone Age. With time, many cities and villages were established, and many different populations came to live and trade in Italy. Most of our present Italian heritage comes from Roman civilization.

I laghi più grandi sono il Lago Maggiore e il Lago di Garda.

Alcuni **vulcani** Italiani sono ancora attivi: tra questi, il più alto è il monte Etna, in Sicilia. Il vulcano più famoso è il Monte Vesuvio che, circa duemila anni fa, seppellì le città di Pompei ed Ercolano con le sue ceneri.

Anche il **clima** in Italia è molto vario, con inverni freddi nelle zone del nord e sulle montagne e temperature più miti nelle zone del sud e lungo le coste. Le estati sono calde in tutte le zone d'Italia, mentre in primavera il tempo è variabile e porta le piogge. Questo tipo di clima è chiamato Mediterraneo.

Il clima mediterraneo è adatto alla coltivazione di molte piante e alberi che sono alla base della **cucina** italiana. Tra gli ingredienti più usati e conosciuti troviamo le olive e l'olio d'oliva, i pomodori, gli agrumi (arance e limoni). Altri prodotti tipici della cucina italiana sono i formaggi, i salumi e i vini.

L'Italia è un paese ricco di **storia** e di **tradizioni**.

Il paese è stato abitato sin dai tempi della pietra. Col trascorrere del tempo, sono state fondate città e paesi e molte popolazioni sono venute in Italia a vivere e commerciare. La civiltà Romana è quella che ci ha lasciato più testimonianze dal passato.

**Art** abounds in Italy and can be admired everywhere. Many Italian museums collect works of art and things from the past. In the cities there are monuments and buildings that were built hundreds or thousands years ago. The rural areas have several ancient aqueducts, castles, and villas.

Many world-famous **artists** were born in Italy: among them the most famous are Leonardo da Vinci, Michelangelo, and Raphael.

Every year the artifacts and antiquities found in Italy attract many tourists from all over the world.

In Italy, many **traditions** remain and are celebrated during festivals. These celebrations are organized throughout the year in several cities and small towns to celebrate seasonal changes, important historical events, and food or local products.

One of the most famous celebrations is **Carnival**, which is celebrated all over Italy from January to February-March, and Siena's Palio, a horse race that started in ancient times and takes place on the main square of the Tuscan city of Siena.

Italian traditions can also be found in the production of **artisanal products**. In each region several handcrafted products are made using antique techniques passed down from father to son.

L'**arte** abbonda in Italia e può essere ammirata ovunque. Ci sono tantissimi musei che raccolgono opere d'arte e oggetti del passato. Nelle città ci sono monumenti e palazzi costruiti centinaia o migliaia di anni fa. Nelle campagne si possono ammirare acquedotti antichissimi, ville e castelli.

Molti **artisti** famosi in tutto il mondo sono nati in Italia. Tra questi i più conosciuti sono Leonardo Da Vinci, Michelangelo e Raffaello.

L'arte e le antichità presenti in Italia attraggono ogni anno moltissimi turisti da tutto il mondo.

In Italia esistono molte **tradizioni** che vengono spesso ricordate durante le feste popolari. Queste feste sono organizzate durante tutto l'anno nelle città e nei piccoli paesi per festeggiare il passaggio delle stagioni, eventi storici importanti, o cibi e prodotti locali.

Tra le feste più conosciute ricordiamo il **Carnevale**, che si festeggia in tutta l'Italia, nel periodo che va da gennaio a febbraio-marzo ed il Palio di Siena, un'antica corsa di cavalli che si svolge nella piazza principale della città di Siena, in Toscana.

Le tradizioni italiane possono essere ammirate anche attraverso i **prodotti artigianali**. Ogni località, infatti, produce prodotti diversi e caratteristici, fatti a mano dagli artigiani, secondo tradizioni tramandate di padre in figlio.

# The 20 Italian Regions

Italy is divided into twenty areas called **regions**. Each region's capital is called **capoluogo** (which means *regional capital, county town,* or *county seat*). Each region is then divided into **provinces** and each province includes a different number of **comuni** (*townships* or *municipalities*).

List of regional capitals:

1.  Abruzzo:                    L'Aquila
2.  Basilicata:                 Potenza
3.  Calabria:                   Catanzaro
4.  Campania:                   Naples
5.  Emilia-Romagna:             Bologna
6.  Friuli-Venezia Giulia:      Trieste
7.  Lazio:                      Rome
8.  Liguria:                    Genoa
9.  Lombardy:                   Milan
10. Marche:                     Ancona
11. Molise:                     Campobasso
12. Piedmont:                   Turin
13. Apulia:                     Bari
14. Sardinia:                   Cagliari
15. Sicily:                     Palermo
16. Tuscany:                    Florence
17. Trentino-Alto Adige:        Trento
18. Umbria:                     Perugia
19. Valle d'Aosta:              Aosta
20. Veneto:                     Venice

# Le 20 Regioni Italiane

L'Italia è suddivisa in venti zone chiamate **regioni.** La città principale di ogni regione si chiama **capoluogo.** Ogni regione è suddivisa in **province,** ed ogni provincia comprende i **comuni.**

Lista dei capoluoghi di regione:

| | | |
|---|---|---|
| 1. | Abruzzo: | L'Aquila |
| 2. | Basilicata: | Potenza |
| 3. | Calabria: | Catanzaro |
| 4. | Campania: | Napoli |
| 5. | Emilia-Romagna: | Bologna |
| 6. | Friuli-Venezia Giulia: | Trieste |
| 7. | Lazio: | Roma |
| 8. | Liguria: | Genova |
| 9. | Lombardia: | Milano |
| 10. | Marche: | Ancona |
| 11. | Molise: | Campobasso |
| 12. | Piemonte: | Torino |
| 13. | Puglia: | Bari |
| 14. | Sardegna: | Cagliari |
| 15. | Sicilia: | Palermo |
| 16. | Toscana: | Firenze |
| 17. | Trentino-Alto Adige: | Trento |
| 18. | Umbria: | Perugia |
| 19. | Valle d'Aosta: | Aosta |
| 20. | Veneto: | Venezia |

# Map of Italy's Regions

# Cartina delle Regioni d'Italia

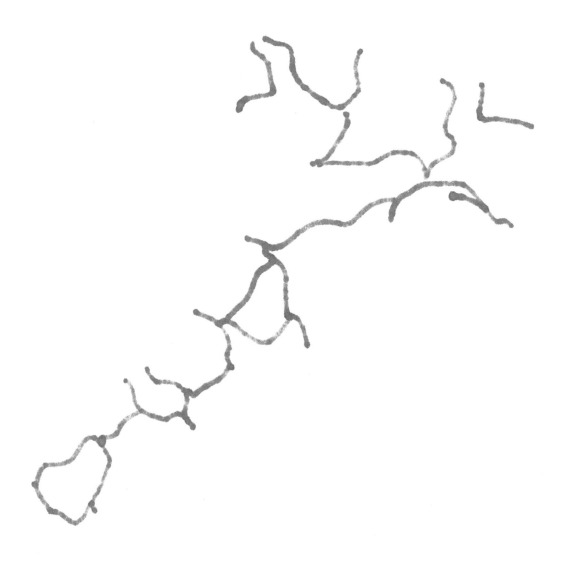

# REGIONI - REGIONS

# VALLE D'AOSTA

**Provinces (Counties):** Region with just one province: Aosta.

**Regional Capital (County Seat):** Aosta

**Highest mountain:** Monte Bianco (which means White Mountain, also called Mont Blanc)

**Longest river:** Dora Baltea

It is the smallest and least populated region in Italy. Its territory includes Europe's highest mountains. The land of Valle d'Aosta is dotted by glaciers, alpine lakes, and green valleys.

Ancient castles, natural landscape, and ski slopes attract lots of tourists every year.

The **climate** is very cold in the winter and cool in the summer.

The **population** speaks two languages: Italian and French.

In the Valle d'Aosta is a park called **Parco Nazionale del Gran Paradiso** (which means National Park of the Great Paradise).

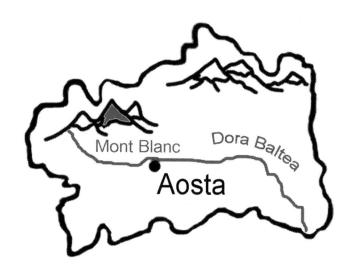

# VALLE D'AOSTA

**Province:** Regione formata da una sola provincia: Aosta.

**Capoluogo:** Aosta

**Monte più alto:** Monte Bianco

**Fiume più lungo:** Dora Baltea

È la regione più piccola d'Italia e anche quella meno popolata. Vi si trovano le più alte montagne d'Europa. Il paesaggio della Valle d'Aosta comprende ghiacciai, laghi alpini e verdi valli.

Gli antichi castelli, il peasaggio naturale e le piste da sci attraggono ogni anno molti turisti.

Il **clima** è molto freddo d'inverno e fresco d'estate.

La **popolazione** parla due lingue: l'italiano e il francese.

Nella Valle d'Aosta si trova il **Parco Nazionale del Gran Paradiso.**

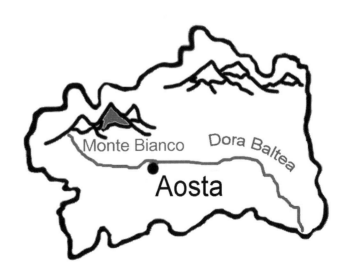

This park was created to protect different types of animals and plants. It includes mountains, glaciers, forests, and meadows.

In the park you can come across:

chamois (goat-antelope)

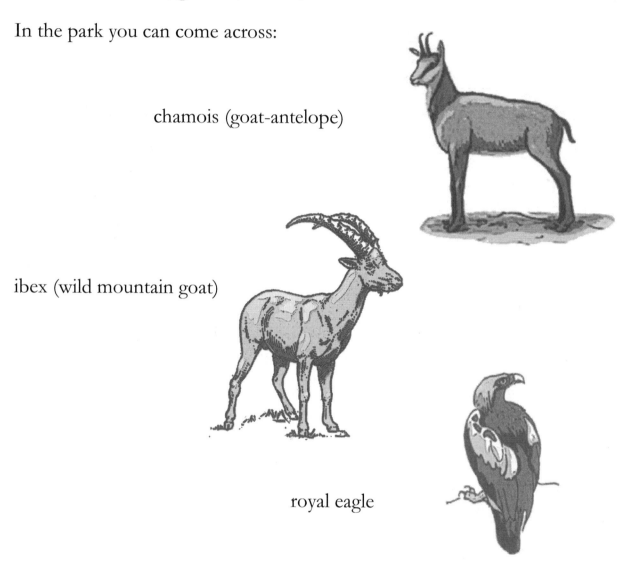

ibex (wild mountain goat)

royal eagle

The castles scattered all over the region are one of the many treasures of Valle d'Aosta.

These ancient buildings rise on top of promontories and have fortified walls, towers, and battlements, just like the castles in the fairy tales.

Questo parco è stato creato per proteggere tanti tipi di animali e di piante. Esso comprende montagne, ghiacciai, boschi e prati.

Vi si possono ammirare :

il camoscio

lo stambecco

l'aquila reale

Una delle ricchezze della Valle d'Aosta è costituita dai castelli disseminati sul suo territorio.

Questi antichi castelli sorgono su alture ed hanno mura protettive, torri e merlature che ricordano i castelli delle fiabe.

# PIEDMONT

**Provinces (Counties):** the region includes 8 provinces: Alessandria, Asti, Biella, Cuneo, Novara, Turin, Verbano-Cusio-Ossola, Vercelli.

**Regional Capital (County seat):** Turin

**Highest mountain:** Monte Rosa (Rose Mountain)

**Longest river:** Po

**Largest lake:** Lake Maggiore

Piedmont is an inland region without any access to the sea.

The land of Piedmont includes mountains, hills, plains, lakes, and rivers. Italy's longest river, the **Po**, has its source in this region, at the Mount Monviso.

In the flat areas of Piedmont are large rice fields called **risaie**. More than half of the rice produced in Italy comes from Piedmont.

# PIEMONTE

**Province:** la regione comprende 8 province: Alessandria, Asti, Biella, Cuneo, Novara, Torino, Verbano-Cusio-Ossola, Vercelli.

**Capoluogo:** Torino

**Monte più alto:** Monte Rosa

**Fiume più lungo:** Po

**Lago più grande:** Lago Maggiore

Il Piemonte è una regione interna, senza accesso al mare.

Il paesaggio del Piemonte comprende montagne, colline, pianure, laghi e fiumi. Il fiume più lungo d'Italia, il **Po**, nasce proprio in questa regione, dal monte Monviso.

Nelle zone pianeggianti del Piemonte si trovano grandi coltivazioni di riso: le **risaie**. Più della metà del riso prodotto in Italia viene infatti dal Piemonte.

Many traditional dishes from Piedmont have **rice** as their main ingredient and they are called **risotti**.

Besides rice, the main agricultural products of Piedmont are corn and wheat.

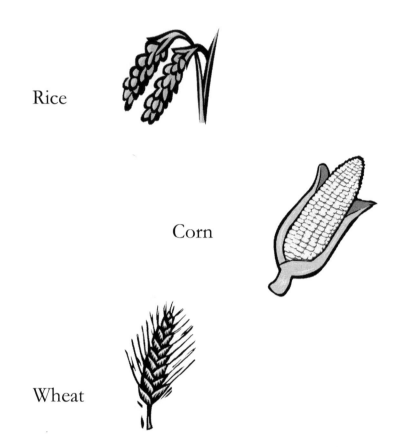

Rice

Corn

Wheat

## *Guessing game*

*Guess what you can see in Turin:*

> *A. Mummies*
> *B. A sandy beach*
> *C. An island*

*Find the correct answer at the end of the book.*

Molti piatti tipici piemontesi hanno come ingrediente principale il **riso** e vengono chiamati **risotti**.

In Piemonte le colture più importanti, oltre quella del riso, sono quella del granoturco e quella del frumento.

Riso

Granoturco

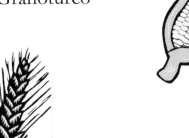

Frumento

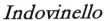

## *Indovinello*

*Indovina cosa puoi vedere a Torino:*

  A. *Mummie*
  B. *Una spiaggia sabbiosa*
  C. *Un'isola*

*Trova la soluzione alla fine del libro.*

# LOMBARDY

**Provinces (Counties):** the region includes 11 provinces: Bergamo, Brescia, Como, Cremona, Lecco, Lodi, Mantova, Milan, Pavia, Sondrio, Varese.

**Regional Capital (County seat):** Milan

**Highest mountain:** Mount Bernina

**Longest river:** Po

**Largest lake:** Como Lake

Lombardy is an inland region. Although it does not have access to the sea, it does have many lakes and rivers, which is why the Padan Plain lands are really fertile and easily cultivated. Lombardy is also Italy's most populated and most industrialized region.

Some of Italy's largest lakes like Lake Maggiore, Lake Garda and Lake Como are located in this region. Lake Maggiore and Lake Garda also occupy nearby Italian regions because they are located on the border. These big lakes have been excavated by ancient glaciers so they are also called "glacier lakes."

# LOMBARDIA

**Province:** Regione formata da 11 province: Bergamo, Brescia, Como, Cremona, Lecco, Lodi, Mantova, Milano, Pavia, Sondrio, Varese.

**Capoluogo:** Milano

**Monte più alto:** Monte Bernina

**Fiume più lungo:** Po

**Lago più grande:** Lago di Como

La Lombardia è una regione interna, senza accesso al mare ma ricca d'acqua, grazie alla presenza di tanti laghi e fiumi. L'abbondanza d'acqua rende possibile coltivare i fertili terreni della Pianura Padana. La Lombardia è anche la regione più popolosa d'Italia e quella con più industrie.

In questa regione si trovano i più grandi laghi d'Italia: il Lago Maggiore, il Lago di Garda e il Lago di Como. Il Lago Maggiore e il Lago di Garda sono condivisi con altre regioni perchè si trovano sul confine. Questi grandi laghi sono stati scavati da antichi ghiacciai e per questo motivo vengono chiamati "laghi di origine glaciale".

32

In the lakes zone the climate is usually mild and winters are not very cold.

## Interesting facts about Milan:

Milan is considered the **fashion** capital of Italy. Every year designers exhibit their new collections during special events, shows, and fairs.

The gothic **Duomo di Milano** is the cathedral church of Milan and the largest cathedral in Italy. The Duomo is the seat of the Archbishop of Milan.

Leonardo da Vinci's masterpiece, **The Last Supper**, can be admired in the Convent of Santa. Maria delle Grazie in Milan.

**La Scala** opera house is located in the heart of Milan and is considered one of the most prestigious opera houses in the world.

One of Italy's traditional Christmas cakes originated in Milan and is called **panettone**. It is a type of sweet bread loaf with a cupola shape, filled with candied fruits and raisins.

The word *panettone* in Italian means "large bread."

## *Guessing game*

*How long did it take to build the Duomo of Milan?*

   *A. 3 years*

   *B. 40 years*

   *C. Almost 500 years*

Attorno ai grandi laghi il clima è mite e gli inverni non sono molto freddi.

## Dati interessanti riguardanti Milano:

Milano è considerata la capitale della **moda** italiana. Ogni anno gli stilisti presentano le loro nuove collezioni durante spettacoli e fiere.

Il gotico **Duomo di Milano** è la cattedrale della città e anche la cattedrale più grande d'Italia. Il duomo è la sede dell'arcivescovo di Milano.

Il capolavoro di Leonardo da Vinci, **Il Cenacolo** (anche conosciuto come "L'Ultima Cena") si può ammirare nel convento di Santa Maria delle Grazie a Milano.

Il **Teatro alla Scala** si trova nel cuore di Milano ed è considerato uno dei più importanti teatri al mondo.

Uno dei dolci natalizi più tradizionali è nato a Milano e si chiama **panettone**. È un pane dolce a forma di cupola, farcito con frutta candita e uva passa.

La parola "panettone", in italiano, indica appunto un grosso pane.

### *Indovinello*

*Quanto tempo c'è voluto per costruire il Duomo di Milano?*

*A. 3 anni*
*B. 40 anni*
*C. Quasi 500 anni*

# TRENTINO ALTO ADIGE

**Provinces (Counties):** the region includes 2 provinces: Bolzano and Trento.

**Regional Capital (County seat):** Trento

**Highest mountain:** Mount Ortles

**Longest river:** Adige

**Largest lake:** Lake Garda

Trentino Alto Adige is Italy's northernmost region and it shares borders with Switzerland and Austria. This region is divided into two zones: Trentino (where Italian is the main language) and Alto Adige (also called *Sudtirol*, where both Italian and German are spoken).

The land of this region is mostly mountainous and there is no access to the sea.

The mountains in Trentino Alto Adige include the Alps and the Dolomites. The Dolomites mountains are made of a light-colored rock that becomes pink at sunset. The beauty of the region's mountains attracts many tourists both in the summer and in the winter. The most popular sports in the mountains are **skiing** and **hiking**.

# TRENTINO ALTO ADIGE

**Province:** Regione formata da 2 province: Bolzano e Trento.

**Capoluogo:** Trento

**Monte più alto:** Monte Ortles

**Fiume più lungo:** Adige

**Lago più grande:** Lago di Garda

Il Trentino Alto Adige è la regione più a nord d'Italia e confina con la Svizzera e l'Austria. Questa regione è divisa in due zone: il Tentino (dove si parla l'italiano) e l'Alto Adige (anche chiamato *Sudtirol*, dove si parlano sia l'italiano che il tedesco).

Il paesaggio di questa regione è quasi tutto montuoso e non vi è accesso al mare.

Le montagne del Trentino Alto Adige comprendono le Alpi e le Dolomiti. Queste ultime sono montagne formate da una roccia di colore chiaro che al tramonto si colora di rosa. I paesaggi montani di questa regione attraggono molto turismo sia d'estate che d'inverno.
Gli sport più praticati in montagna sono lo **sci** e l'**alpinismo**.

# Mountain words

**Mountaineering**: hiking, skiing, and climbing mountains (also called *Alpinism* or *Alpine climbing*)

**Alpini**: mountain infantry corps of the Italian Army in charge of protecting the borders.

**Alpini songs**: traditional war songs that *Alpini* sing during their long hikes in the mountains.

## *Guessing game*

*Who is the oldest mountain climber in the world?*

### *Answer:*

*The oldest known mountain climber in the world is a man who lived about 5000 years ago.*

*He is now a mummy, who was found in an icy area in Trentino, near the border between Italy and Austria.*

*He is one of the world's best-known and most important mummies and can be seen in a museum in the city of Bolzano.*

## Parole di montagna

**Alpinismo**: arrampicarsi, sciare e scalare (o fare dell'Alpinismo).

**Alpini**: truppe di montagna dell'esercito Italiano addette alla difesa dei confini montani.

**Canti Alpini:** canzoni tradizionali che gli Alpini cantano durante le loro lunghe marce in montagna.

## *Indovinello*

*Chi è il più vecchio alpinista del mondo?*

## *Risposta*

*Il più antico alpinista del mondo è un uomo vissuto circa 5000 anni fa.*

*Si tratta di una mummia trovata nel ghiaccio in Trentino, vicino al confine tra Italia e Austria.*

*È una delle mummie più famose al mondo e si trova in un museo nella città di Bolzano.*

# VENETO

**Provinces (Counties):** the region includes 7 provinces: Belluno, Padua, Rovigo, Treviso, Venice, Verona, Vicenza.

**Regional Capital (County seat):** Venice

**Highest mountain:** Marmolada

**Longest river:** Po

**Largest lake:** Lake Garda

This region is very diverse and includes mountains, hills, plains, and coastal areas. It is rich in tourism, agriculture, and industry.

One of the most popular sites for tourism in this region is the city of Venice. This ancient and beautiful city is truly unique since it was built over 118 little islands, all interconnected by numerous bridges. Water running between bridges forms canals.

# VENETO

**Province:** Regione formata da 7 province: Belluno, Padova, Rovigo, Treviso, Venezia, Verona, Vicenza.

**Capoluogo:** Venezia

**Monte più alto:** Marmolada

**Fiume più lungo:** Po

**Lago più grande:** Lago di Garda

Questa regione è molto varia e comprende montagne, colline, pianure e zone costiere. È ricca di industrie, coltivazioni e turismo.

Una delle mete turistiche principali di questa regione è la città di Venezia. Questa città antica e bellissima è unica al mondo in quanto è costruita su 118 isolette collegate tra loro da tantissimi ponti. L'acqua che scorre tra un'isola e l'altra forma dei canali.

Venice inhabitants use boats or ferries to move around the city. Venice's typical boat is called **gondola**.

Venice is also famous for its **carnival** that is celebrated every year in February and March.

The **Carnival of Venice** is a 900-year-old tradition where people in colorful masks and spectacular costumes fill the streets and the squares of the city. The festivities last about ten days and include theatre, dance, music, art, and masquerade balls.

One of the best-known traditional Venetian characters is **Columbine** (which means "little dove"). She represents a lively and smart Venetian servant. She likes to chat and gossip. She is also charming and very pretty.

An old dialect, called *veneto*, is spoken in the Veneto region, and it is considered by many as a real language.

## *Ingredients of Venice's Carnival*

*Draw a line to connect the words with the images:*

*Masks*

*Confetti*

*Streamers*

Gli abitanti di Venezia per spostarsi all'interno della città utilizzano barche e traghetti. Il tipo di barca caratteristico di Venezia è la **gondola**.

Venezia è anche famosa per il suo **carnevale** che viene celebrato ogni anno nei mesi di febbraio e di marzo.

Il **Carnevale di Venezia** è una tradizione molto antica che cominciò 900 anni fa. Per festeggiare, la gente si maschera, indossa costumi fantastici e scende nelle strade e nelle piazze della città. I festeggiamenti durano circa dieci giorni e comprendono spettacoli teatrali, danze, musica, arte e balli in maschera.

Una delle maschere veneziane più conosciute è **Colombina**.
Questa maschera rappresenta una servetta veneziana vivace e scaltra.
Le piace chiacchierare e spettegolare ed è vezzosa e molto carina.

Nel Veneto si parla il dialetto *veneto* che è considerato da molti come una vera e propria lingua.

## *Ingredienti per il Carnevale di Venezia*

*Collega con una riga le parole con le immagini:*

*Maschere*

*Coriandoli*

*Stelle filanti*

# FRIULI VENEZIA GIULIA

**Provinces (Counties):** the region includes 4 provinces: Gorizia, Pordenone, Trieste, and Udine.

**Regional Capital (County seat):** Trieste

**Highest mountain:** Coglians

**Longest river:** Tagliamento

Friuli Venezia Giulia isn't a large region, but its territory is still pretty diverse and includes mountains, hills, plains, and coastal zones.

The **Carso Plateau** is located in this region. This area is made of a particular type of rock which is easily eroded by rain; in the course of time, water has carved ravines and large **caves**. The river Timavo runs under the Carso and flows into the nearby sea after a long journey with many kilometers (miles) underground.

Sometimes, a very strong and very cold wind called **bora** blows in the areas that are not sheltered by high mountains.

# FRIULI VENEZIA GIULIA

**Province:** Regione formata da 4 province: Gorizia, Pordenone, Trieste e Udine.

**Capoluogo:** Trieste

**Monte più alto:** Coglians

**Fiume più lungo:** Tagliamento

Il Friuli Venezia Giulia è una regione non molto grande, ma con un territorio piuttosto vario che comprende montagne, colline, pianure e zone costiere.

In questa regione si trova l'**altipiano del Carso**. Questa zona è formata da un tipo particolare di roccia che si sciglie facilmente con l'acqua delle piogge. Nel corso di tantissimi anni, l'acqua ha scavato solchi e grandi **grotte**. Sotto il Carso scorre persino un fiume: il Timavo che sbuca vicino al mare dopo aver percorso tantissimi kilometri (miglia) sotto terra.

Nelle zone non protette dalle alte montagne a volte soffia un vento molto freddo e molto forte chiamato **bora.**

When the bora blows, it's better to remain at home and, if going out is unavoidable, it's necessary to walk holding onto the ropes put in the streets in order to avoid falling.

## *Did you know...?*

*There is a difference between a cave and a cavern:*

- *A **cave** is a cavity in the ground that is large enough that some portion of it does not receive direct sunlight.*
- *A **cavern** is a type of cave, formed in a special rock that has the ability to grow **stalactites** and **stalagmites**.*

*So, a cavern can be called a cave, since it is a type of cave, but not all caves can be called caverns.*

*Draw a line to connect the words to the images:*

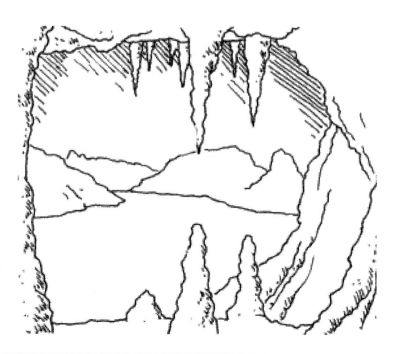

**Stalactite**
*(rock that hangs from the ceiling of a cave)*

**Stalagmite**
*(rock that rises from the floor of a cave)*

Quando soffia la bora è meglio chuidersi in casa o, se si deve proprio uscire, è necessario camminare reggendosi alle corde che vengono messe lungo le strade, per evitare di cadere.

## *Lo sapevi che...?*

*C'è una differenza tra le parole* **grotta** *e* **caverna**:

- *Una* **grotta** *è una cavità nel terreno sia naturale che artificiale, più o meno estesa, che si estende sotto il suolo.*
- *Una* **caverna** *è una cavità sotterranea naturale, piuttosto ampia e poco profonda, facilmente accessibile dall'esterno.*

*Una caverna è quindi un particolare tipo di grotta.*

*Collega con una riga le parole con le immagini:*

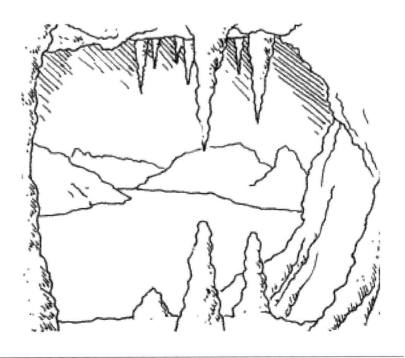

**Stalattite**
*(roccia che pende dal soffitto di una grotta)*

**Stalagmite**
*(roccia che poggia sul pavimento di una grotta)*

# LIGURIA

**Provinces (Counties):** the region includes 4 province: Genoa, Imperia, La Spezia, Savona.

**Regional Capital (County seat):** Genoa

**Highest mountain:** Mount Saccarello

**Longest river:** Magra

This thin arch-shaped region faces the sea and has a rather mountainous and hilly territory. Since there aren't many plains in Liguria, the population has created many terraces on the sides of the hills. Each terrace is supported by a small wall. On the terraces farmers grow grapevines, olive trees, flowers, and vegetables that produce very well thanks to the region's mild climate.

Many famous historical figures were born in Liguria, such as:

- **Christopher Columbus:** the famous sailor and explorer who landed in the Americas in 1492 initiating the exploration of the American continent by Europeans.

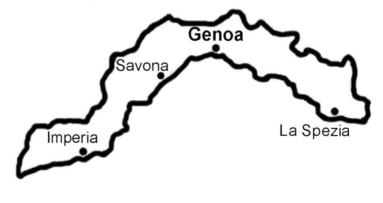

# LIGURIA

**Province:** Regione formata da 4 province: Genova, Imperia, La Spezia, Savona.

**Capoluogo:** Genova

**Monte più alto:** Monte Saccarello

**Fiume più lungo:** Magra

Questa regione ha la forma di un arco sottile. Si affaccia sul mare ed ha un territorio principalmente montuoso e collinoso. Poichè non ci sono grandi pianure, gli abitanti della Liguria hanno creato tante terrazze sui fianchi delle colline. Ogni terrazza è sorretta da un muretto. Sulle terrazze gli agricoltori coltivano viti, ulivi, fiori e ortaggi che crescono molto bene grazie al clima mite della regione.

Tanti famosi personaggi storici italiani sono nati in Liguria. Tra questi ricordiamo:

- **Cristoforo Colombo:** il famoso navigante ed esploratore che approdò in America nel 1492 dando il via all'esplorazione del continente americano da parte degli europei.

- **Edmondo De Amicis**: writer known as the author of the book "Cuore", a really popular title of Italian children's literature.

- **Giuseppe Mazzini:** Italian patriot and revolutionary who devoted his life to Italy's unification.

- **Niccolò Paganini**: Musician, composer, and extremely skilled violinist.

Sanremo, a town in Liguria and one of Italy's well-known seaside destinations, is the place where a very popular song contest takes place: the **Sanremo Music Festival**.

This pop music festival launched the careers of many famous Italian singers. One of the most successful Sanremo Music Festival songs ever is "Nel blu dipinto di blu" ("In the blue, painted in blue"), popularly known as "Volare" ("To fly"), first sung by Domenico Modugno.

A very popular recipe from Liguria is "Pesto alla Genovese." This is a condiment made with basil, pine nuts, and cheese, used to season pasta instead of the traditional red sauce.

*Connect the words with the images of the Pesto recipe ingredients:*

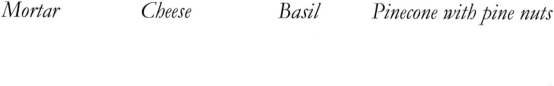

*Mortar*          *Cheese*          *Basil*          *Pinecone with pine nuts*

- **Edmondo De Amicis**: scrittore conosciuto come l'autore del libro "Cuore", uno dei testi più popolari della letteratura italiana per ragazzi.
- **Giuseppe Mazzini**: patriota e rivoluzionario italiano che dedicò la sua vita al progetto dell'unificazione d'Italia.
- **Niccolò Paganini:** Musicista, compositore e violinista virtuoso.

Sanremo, una delle cittadine della Liguria, molto nota come località balneare, è la sede di una famosa gara canora: il **Festival della Canzone Italiana di Sanremo**.

Questo festival musicale ha lanciato la carriera di molti famosi cantanti italiani. Una delle canzoni del festival che ha avuto più successo è "Nel blu dipinto di blu" conosciuta anche come "Volare", cantata da Domenico Modugno.

Una ricetta ligure molto conosciuta è quella del "Pesto alla Genovese". Si tratta di un condimento a base di basilico, pinoli e formaggio, che si usa per condire la pasta al posto del sugo tradizionale al pomodoro.

*Collega le parole con le immagini degli ingredienti della ricetta del Pesto:*

*Mortaio    Formaggio    Basilico    Pigna con pinoli*

# EMILIA ROMAGNA

**Provinces (Counties):** the region includes 9 provinces: Bologna, Ferrara, Forlì-Cesena, Modena, Parma, Piacenza, Ravenna, Reggio nell'Emilia, and Rimini.

**Regional Capital (County seat):** Bologna

**Highest mountain:** Mount Cimone

**Longest river:** Po

Emilia Romagna is a region rich in resources. Some of the most important trades are agriculture, livestock farming, fishing, industry, and tourism. This region's territory is vast and includes the Padan Plain, an area of mountains and hills, and the mountains of the Apennines. An ancient Roman road called **Via Emilia** crosses the whole region; Emilia Romagna's most important cities are found along this road.

**San Marino's Republic** is a small state located between Emilia Romagna and Marche. This small city-state is Europe's oldest republic. Its inhabitants speak Italian and their official currency is the Euro. This land is very small and includes Mount Titano and the nearby hills.

# EMILIA ROMAGNA

**Province:** Regione formata da 9 province: Bologna, Ferrara, Forlì-Cesena, Modena, Parma, Piacenza, Ravenna, Reggio nell'Emilia e Rimini.

**Capoluogo:** Bologna

**Monte più alto:** Monte Cimone

**Fiume più lungo:** Po

L'Emilia Romagna è una regione con molte risorse. Le più importanti sono: l'agricoltura, l'allevamento, la pesca, l'industria e il turismo. Il territorio è vasto e comprende la Pianura Padana, una zona di colline e le montagne dell'Appennino. Un'antica strada romana, la **Via Emilia**, attraversa la regione: lungo questa strada sorgono le più importanti città dell'Emilia Romagna.

La **Repubblica di San Marino** è un piccolo stato situato tra l'Emilia Romagna e le Marche. Questa piccola città-stato è la più antica repubblica d'Europa. Gli abitanti parlano l'italiano e la moneta ufficiale è l'Euro. Il territorio è molto piccolo e comprende il monte Titano e le colline che lo circondano.

This region is home to many popular dishes and foods. The most popular are: parmesan cheese, mortadella (known as *bologna*), Parma's ham, many types of salami, and filled fresh egg pasta (*tortellini*).

*Pasta shapes:*

*Tortellini*           *Fusillo*           *Farfalla*

          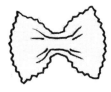

*Penna*                         *Spaghetti*

               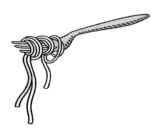

In questa regione vengono prodotti
alimenti e pietanze molto conosciute.
I più famosi sono il parmigiano
reggiano, la mortadella, il prosciutto
di Parma, i salami e le paste all'uovo
ripiene (tortellini).

*Forme di Pasta:*

*I tortellini*

*Il fusillo*

*La farfalla*

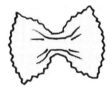

*La penna*

*Gli spaghetti*

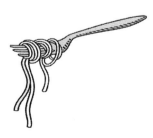

# TUSCANY

**Provinces (Counties):** the region includes 10 provinces: Arezzo, Florence, Grosseto, Livorno, Lucca, Massa Carrara, Pisa, Pistoia, Prato, and Siena.

**Regional Capital (County seat):** Florence

**Highest mountain:** Mount Pisanino

**Longest river:** Arno

**Largest island:** Elba

Tuscany's region presents a harmonious landscape of hills, mountains, and plains. The beauty of the landscape, the numerous works of art and masterpieces, as well as the excellent cuisine bring many tourists to this region every year.

Many world-renowned masterpieces, such as Michelangelo's David statue and Pisa's leaning tower can be admired in Tuscany.

# TOSCANA

**Province:** Regione formata da 10 province: Arezzo, Firenze, Grosseto, Livorno, Lucca, Massa Carrara, Pisa, Pistoia, Prato e Siena.

**Capoluogo:** Firenze

**Monte più alto:** Monte Pisanino

**Fiume più lungo:** Arno

**Isola più grande:** Elba

La Regione Toscana presenta un paesaggio armonioso composto da montagne, colline e pianure. La bellezza del paesaggio, l'abbondanza di opere d'arte e la buona cucina attraggono ogni anno moltissimi turisti.

In Toscana si possono ammirare tante opere d'arte famose in tutto il mondo, come la statua del David scolpita da Michelangelo e la Torre Pendente di Pisa.

Many well-known people were born in Tuscany. Some of the most famous are:

- **Leonardo da Vinci**: painter, scientist, inventor... a real genius!
- **Michelangelo Buonarroti**: great sculptor and painter.
- **Galileo Galilei**: important scientist and astronomer.
- **Carlo Collodi**: author of the book "The Adventures of Pinocchio."

## Did you know...?

The way we write music today was invented by a Tuscan monk, Guido d'Arezzo, over 1000 years ago.

The greatest literary work composed in the Italian language is called **Divine Comedy** (*Divina Commedia*) and was written by the Tuscan poet Dante Alighieri.

Dante was a major Italian writer of the Middle Ages and is considered the father of the Italian language.

The dialect of Florence is the basis for what has become the official language of Italy.

Molti personaggi famosi sono nati in Toscana. Tra questi i più conosciuti sono:

- **Leonardo da Vinci**: pittore, scienziato, inventore... un vero genio!
- **Michelangelo Buonarroti**: bravissimo scultore e pittore.
- **Galileo Galilei**: importante scienziato e astronomo.
- **Carlo Collodi**: autore del libro "Le Avventure di Pinocchio".

## Lo sapevi che...?

Il modo in cui oggi si scrive la musica è stato inventato più di 1000 anni fa da un monaco toscano, Guido d'Arezzo.

La più importante opera letteraria in lingua italiana è la **Divina Commedia,** scritta dal poeta toscano Dante Alighieri.

Dante è il più importante scrittore italiano del medioevo ed è considerato il padre della lingua italiana.

Il dialetto che si parla a Firenze è alla base di quella che è diventata la lingua ufficiale italiana.

# MARCHE

**Provinces (Counties):** the region includes 5 provinces: Ancona, Ascoli Piceno, Fermo, Macerata, and Pesaro-Urbino.

**Regional Capital (County seat):** Ancona

**Highest mountain:** Mount Vettore

**Longest river:** Tronto

The Marche region has a mostly mountainous and hilly land, with few plains and a flat and sandy coastline. Grapevines and olive trees are grown over the hills, while the cities boast many castles and old palaces.

In the Marche are many little towns rich in art and traditions. For example, the city of Fabriano is well-known worldwide for its paper production.

Many well-known people were born in the Marche. Among them the most famous are:

- **Raphael (Raffaello Sanzio):** excellent painter and architect
- **Gioachino Rossini:** famous composer of opera
- **Giacomo Leopardi:** prominent poet and scholar

# MARCHE

**Province:** Regione formata da 5 province: Ancona, Ascoli Piceno, Fermo, Macerata e Pesaro-Urbino.

**Capoluogo:** Ancona

**Monte più alto:** Monte Vettore

**Fiume più lungo:** Tronto

La regione delle Marche ha un territorio principalmente montuoso e collinoso, con poche pianure ed una costa bassa e sabbiosa. Sulle colline si coltivano viti e ulivi e nelle città si possono ammirare castelli e palazzi antichi.

Nelle Marche ci sono molte cittadine ricche d'arte e di tradizioni. Ad esempio la città di Fabriano è famosa nel mondo per la produzione della carta.

Molti personaggi famosi sono nati nelle Marche. Tra questi i più conosciuti sono:

- **Raffaello Sanzio:** bravissimo pittore e architetto
- **Gioachino Rossini:** famoso compositore di opere liriche
- **Giacomo Leopardi:** illustre poeta e studioso

The town of Castelfidardo, in the Marche region, is famous for its production of high quality **accordions** (musical instruments).

The city of Ascoli Piceno gives its name to a tasty dish called **olive ascolane** (olives of Ascoli), made of large fried meat-filled olives. This delicious dish is usually served as an appetizer during special occasions.

La cittadina di Castelfidardo, nelle Marche, è famosa per la produzione di **fisarmoniche** (strumenti musicali) di alta qualità.

La città di Ascoli Piceno presta il proprio nome ad un gustoso piatto, le **olive ascolane**, costituito da grosse olive fritte ripiene di carne. Questa gustosa preparazione viene in genere servita come antipasto durante occasioni speciali.

# UMBRIA

**Provinces (Counties):** the region includes Perugia and Terni.

**Regional Capital (County seat):** Perugia

**Highest mountain:** Mount Vettore

**Longest river:** Tiber

**Largest lake:** Trasimeno

This region is surrounded by the mountains of the Apennines and its land is mostly mountainous and hilly. In the Italian peninsula (that part of Italy that is surrounded by the sea), this is the only region with no sea access.

Italy's highest waterfall is located in Umbria. It is called the **Marmore Waterfall** and it is 160 meters (525 feet) high.

Another interesting place found in Umbria, in the city of Orvieto, is **Saint Patrick's Well**. Visitors can get inside the well, which is 53 meters (174 feet) deep, and they can reach the bottom where the water sits, by climbing down 248 steps!

# UMBRIA

**Province:** Regione formata da 2 province: Perugia e Terni.

**Capoluogo:** Perugia

**Monte più alto:** Monte Vettore

**Fiume più lungo:** Tevere

**Lago più grande:** Trasimeno

Questa regione è immersa nelle montagne dell'Appennino con un territorio prevalentemente collinoso e verdeggiante. Nella penisola italiana (la parte dell'Italia circondata dal mare), questa è l'unica regione che non è bagnata dal mare.

In Umbria si trova la cascata più alta d'Italia, la **Cascata delle Marmore,** che misura 160 metri (525 piedi).

Un'altra curiosità che si trova in Umbria, nella città di Orvieto, è il **Pozzo di San Patrizio**. In questo pozzo, profondo 53 metri (174 piedi), i visitatori possono entrare e, percorrendo una scalinata di 248 gradini, scendere fino al livello dell'acqua!

In Umbria there are many hill towns, some of which can only be visited on foot. They have narrow alleys and steep stairs that only pedestrians can climb.

One of Umbria's best-known towns is **Assisi** where St. Francis was born and died.

In honor of this local saint, a big church was built in Assisi, the Basilica of St. Francis of Assisi that contains artworks by Italian painters Cimabue and Giotto and many others.

In Umbria ci sono tante cittadine sulle colline che possono essere visitate solo a piedi. Hanno viuzze strette e scalinate ripide che solo i pedoni possono percorrere.

Una delle città umbre più conosciute è quella di **Assisi**, dove nacque e morì San Francesco.

In onore di questo santo locale ad Assisi fu costruita una grande chiesa, la Basilica di San Francesco d'Assisi, che contiene opere d'arte di pittori italiani famosi quali Cimabue, Giotto e tanti altri.

# LAZIO

**Provinces (Counties):** the region includes 5 provinces: Frosinone, Latina, Rieti, Rome, and Viterbo.

**Regional Capital (County seat):** Rome

**Highest mountain:** Mount Gorzano

**Longest river:** Tiber

**Largest lake:** Bolsena

**Largest island:** Ponza

Lazio's land includes mountains (the Apennines), hills, and plains. In ancient Roman times, the majority of the plains were swamps.

Many lakes can be found in this region. They are located where old volcanoes once existed. These lakes, also called volcanic lakes, are round-shaped most of the time.

Lazio is the region that is home to Italy's capital, the city of Rome. This city is rich in history and works of art.

# LAZIO

**Province:** Regione formata da 5 province: Frosinone, Latina, Rieti, Roma e Viterbo.

**Capoluogo:** Roma

**Monte più alto:** Monte Gorzano

**Fiume più lungo:** Tevere

**Lago più grande:** Bolsena

**Isola più grande:** Ponza

Il territorio del Lazio comprende montagne (gli Appennini), colline e pianure. Al tempo degli antichi Romani, la maggior parte delle pianure era paludosa.

In questa regione si trovano anche molti laghi che si sono formati dove una volta esistevano dei vulcani. Questi laghi, chiamati vulcanici, hanno spesso una forma circolare.

Il Lazio è la regione che ospita la capitale d'Italia: Roma. Questa è una città ricca di storia e di opere d'arte.

There is an abundance of ancient and famous monuments, such as the **Colosseum** and many squares, fountains, and museums.

The smallest nation in the world can be found in the city of Rome, the **Vatican State**. This nation is the Papal seat and it includes Saint Peter's Basilica, the Sistine Chapel, and the Vatican Museums.

According to legend, Rome was built by twin brothers **Romulus** and **Remus**. They are often represented with the she-wolf that is said to have saved them and cared for them when they were babies.

## Did you know...?

In Rome there is a special lie detector; it is very old, big, and round, and is made of white marble. It has the face of a man with an open mouth. It is called **La Bocca della Verità** (the Mouth of Truth). If you say a lie and stick your hand in the mouth of the figure, your hand will be bitten off. Or so they say...

Ci sono monumenti antichi e famosi, come il **Colosseo**, e tante piazze, fontane e musei.

All'interno della città di Roma si trova lo stato più piccolo del mondo: la **Città del Vaticano**. Questa è la sede del Papa e comprende la Basilica di San Pietro, la Cappella Sistina ed i Musei Vaticani.

Una leggenda racconta che la città di Roma fu fondata da due gemelli, **Romolo** e **Remo**. Questi sono spesso rappresentati con la lupa che li salvò e li accudì quando erano bambini.

**Lo sapevi che...?**

A Roma c'è una macchina della verità molto speciale. È molto antica, rotonda ed è fatta di marmo bianco. Ha la faccia di una persona con la bocca aperta. Si chiama **La Bocca della Verità**. Se dici una bugia ed infili la mano nella bocca della scultura, la mano ti verrà mozzata! O almeno così si dice...

# ABRUZZO

**Provinces (Counties):** the region includes 4 provinces: Chieti, L'Aquila, Pescara, and Teramo.

**Regional Capital (County seat):** L'Aquila

**Highest mountain:** Gran Sasso d'Italia

**Longest river:** Liri-Garigliano

**Largest lake:** Scanno

Abruzzo has a mostly mountainous land. The high mountain peaks are very beautiful and thus have been included within three **national parks** in order to be preserved: Abruzzo National Park, Gran Sasso National Park, and Majella National Park.

The national parks protect endangered species like the brown bear, the wolf, and the chamois (goat-antelope).

One of the oldest, and still beloved, cookies in the world was first made in Abruzzo. It is called **pizzella** or **ferratella**. The name *pizzella* describes the shape of the cookie, like a small, flat pizza. *Ferratella* describes the instrument used to make the cookie, an iron that molds the *pizzelle* into an elaborate shape.

# ABRUZZO

**Province:** Regione formata da 4 province: Chieti, L'Aquila, Pescara e Teramo.

**Capoluogo:** L'Aquila

**Monte più alto:** Gran Sasso d'Italia

**Fiume più lungo:** Liri-Garigliano

**Lago più grande:** Scanno

L'Abruzzo ha un territorio prevalentemente montuoso. Le alte vette dei monti presentano dei paesaggi particolarmente belli che sono protetti all'interno di tre **parchi nazionali**: il Parco Nazionale d'Abruzzo, il Parco Nazionale del Gran Sasso e il Parco Nazionale della Majella.

I parchi ospitano specie protette quali l'**orso bruno**, il **lupo** e il **camoscio**.

Uno dei più antichi e apprezzati biscotti al mondo è nato in Abruzzo. Si tratta della **pizzella**, chiamata anche **ferratella**. Il nome *pizzella* deriva dalla forma del biscotto, simile ad una piccola pizza. *Ferratella* invece indica lo strumento che si utilizza per fare questi biscotti: un ferro che dà alle pizzelle una forma elaborata.

Pizzelles can be made crisp and thin or soft and chewy, and are usually prepared during major holidays and celebrations.

*Complete the sentences with the words below:*

*cookie, parks, animal, region, mountain*

1. *Abruzzo is a* _____ .

2. *Gran Sasso d'Italia is a* _____ .

3. *Pizzella is a* _____ .

4. *In this region there are three* _____ .

5. *A wolf is an* _____ .

Le pizzelle vengono fatte croccanti e sottili, o soffici e molli e sono in genere preparate durante le feste o per occasioni speciali.

*Completa le frasi con le seguenti parole:*

*biscotto, parchi, animale, regione, montagna*

1. *L'Abruzzo è una* _____ .

2. *Il Gran Sasso d'Italia è una* _____ .

3. *La pizzella è un* _____ .

4. *In questa regione ci sono tre* _____ .

5. *Il lupo è un* _____ .

# MOLISE

**Provinces (Counties):** the region includes 2 provinces: Campobasso and Isernia.

**Regional Capital (County seat):** Campobasso

**Highest mountain:** Mount Miletto

**Longest river:** Volturno

Molise is one of Italy's smallest regions. Its land is mostly mountainous and hilly and even the farmed lands are pretty rocky. For this reason it is fairly common to see low stone walls surrounding farmed fields. These walls are made with the rocks that farmers find while working the land.

A typical tradition of this region is the **transhumance**; this is the seasonal movement of shepherds with their livestock.

In the summer the herds graze in the mountains higher pastures and in the winter they are moved to lower valleys, where the weather is milder and the pastures are more abundant.

In the Molise region there is still a very old tradition alive: bell making. Bells are handcrafted by artisans following very old methods and are sold worldwide.

# MOLISE

**Province:** Regione formata da 2 province: Campobasso e Isernia.

**Capoluogo:** Campobasso

**Monte più alto:** Monte Miletto

**Fiume più lungo:** Volturno

Il Molise è una delle regioni più piccole d'Italia. Il paesaggio è prevalentemente montuoso e collinoso. Anche nelle pianure coltivate si trova terreno roccioso. Intorno ai campi coltivati si vedono spesso dei muretti, fatti dai contadini con le pietre che tolgono dalla terra che lavorano.

Un'usanza tipica di questa regione è la **transumanza**: si tratta dello spostamento delle greggi che i pastori fanno al cambiare delle stagioni. D'estate i greggi pascolano sulle montagne dell'Appennino, mentre d'inverno gli animali vengono portati nelle pianure dove fa meno freddo ed il cibo è più abbondante.

Nella regione Molise sopravvive ancora un'antica tradizione: la fabbricazione delle campane. Queste vengono fatte a mano dagli artigiani secondo metodi antichi e vengono poi vendute in tutto il mondo.

Another old tradition of Molise is the artisanal productions of **bagpipes**, very old musical instruments, usually played by shepherds.

Italian bag pipes are mostly played during Christmas time.

*Connect the words with the right description:*

*Musical instrument*                         *transhumance*

*Structure made of rocks*                     *bagpipe*

*Movement of livestock*                       *stone wall*

Un'altra antica tradizione del Molise è la produzione artigianale delle **zampogne**, strumenti musicali molto antichi, tradizionalmente suonati dai pastori.

Le zampogne italiane vengono suonate soprattutto nel periodo di Natale.

*Collega le parole con la descrizione corrispondente:*

*Strumento musicale*                    *transumanza*

*Struttura fatta con pietre*            *zampogna*

*Spostamento di animali*                *muretto*

# CAMPANIA

**Provinces (Counties):** the region includes 5 provinces: Avellino, Benevento, Caserta, Naples, and Salerno.

**Regional Capital (County seat):** Naples

**Highest mountains:** Matese Mountains

**Longest river:** Volturno

**Largest island:** Ischia

Campania is a region with lush vegetation, mild climate and spectacular lands that include islands and volcanoes.

In this region we find one of the most famous volcanoes in the world: Mount Vesuvius. It is known for having destroyed the city of Pompeii about two thousand years ago.

The beautiful features of this region include many lovely islands, remains of ancient cities, a royal palace, bays, small beaches and cliffs.

# CAMPANIA

**Province:** Regione formata da 5 province: Avellino, Benevento, Caserta, Napoli e Salerno.

**Capoluogo:** Napoli

**Monti più alti:** Monti del Matese

**Fiume più lungo:** Volturno

**Isola più grande:** Ischia

La Campania è una regione con vegetazione rigogliosa, clima mite e territori spettacolari che comprendono isole e vulcani.

Uno dei vulcani più famosi al mondo si trova in questa regione ed è il Monte **Vesuvio**. È conosciuto soprattutto perché quasi duemila anni fa ha distrutto la città di Pompei.

Le bellezze della regione comprendono tante incantevoli isole, resti di antiche città, un palazzo reale, golfi, spiaggette e scogliere.

Foods of Campania are really delicious and they include world-known dishes like **pizza** and the sweet **sfogliatelle**.

One of the symbols of the city of Naples is the **Pulcinella** character.

This figure belongs to the old tradition of the Italian **Commedia dell'Arte** (Comedy of Art). Pulcinella is also a character widely used in puppet shows for children and a very popular Italian Carnival mask.

*Draw a line to connect the words below with the corresponding categories*

| WORDS | CATEGORIES |
|---|---|
| Ischia | Carnival mask |
| Pompeii | Royal palace |
| Caserta Palace | Volcano |
| Pizza and sfogliatelle | Island |
| Pulcinella | Traditional food |
| Vesuvius | Ancient city |

La cucina della Campania è molto gustosa e comprende piatti conosciuti in tutto il mondo, come la **pizza** e le dolci **sfogliatelle**.

Uno dei simboli della città di Napoli è la maschera di **Pulcinella**.

Questo personaggio ha un'antica tradizione che risale alla **Commedia dell'Arte** italiana. Pulcinella è anche un personaggio del teatro dei burattini e una popolare maschera di carnevale.

*Traccia una riga per collegare le parole con le corrispondenti categorie*

| PAROLE | CATEGORIE |
|---|---|
| Ischia | Maschera di carnevale |
| Pompei | Palazzo reale |
| Reggia di Caserta | Vulcano |
| Pizza e sfogliatelle | Isola |
| Pulcinella | Cibo tradizionale |
| Vesuvio | Antica città |

# APULIA

**Provinces (Counties):** the region includes 5 provinces: Bari, Brindisi, Foggia, Lecce, and Taranto.

**Regional Capital (County seat):** Bari

**Highest mountains:** Daunia Mountains

**Longest river:** Ofanto

**Largest lake:** Lesina

**Largest island:** San Domino (Tremiti Islands)

Apulia is also called "Italy's heel". It is located in the south-eastern tip of the Italian peninsula. It sets itself apart from the surrounding regions because it has fewer mountains, since there are no Apennines.

In this region farming is very important and it is made possible by the presence of an area of flat land (called **Il Tavoliere**) and by the abundance of water, brought here by means of a long aqueduct (Sele aqueduct).

# PUGLIA

**Province:** Regione formata da 5 province: Bari, Brindisi, Foggia, Lecce e Taranto.

**Capoluogo:** Bari

**Monte più alto:** Monti della Daunia

**Fiume più lungo:** Ofanto

**Lago più grande:** Lesina

**Isola più grande:** San Domino (Isole Tremiti)

La Puglia è chiamata anche "il tacco d'Italia". Si trova nell'estremo sud-est della penisola. A differenza delle regioni vicine, è molto meno montuosa a causa della mancanza degli Appennini.

In questa regione l'agricoltura è molto importante ed è possibile grazie alla presenza di una vasta pianura (chiamata **Il Tavoliere**) e all'abbondanza d'acqua che viene trasportata attraverso un lungo acquedotto (Acquedotto del Sele).

It doesn't rain much in Apulia; therefore the water that flows in the aqueducts is brought from the Campania region.

There are some salt works in the region that have been active since Roman times. Sea water is gathered in the salt works and left to evaporate in order to obtain sea salt.

In Apulia there are some unusual houses made of stone; they have the shape of a cylinder with a cone-shaped roof, and are called **trulli**. In the town of **Alberobello** are many trulli, and even the local church has been built in the shape of a trullo.

From the Italian city of Taranto comes the **tarantella**, the most recognized of traditional Italian music. This is a folk dance made of light, quick steps where women dancers carry tambourines.

**Tarantella** is usually danced by a group of several couples during weddings and celebrations.

Poiché in Puglia piove pochissimo, l'acqua che scorre nell'acquedotto proviene dalla regione Campania.

In Puglia si trova una salina attiva sin dai tempi dell'antica Roma. Nella salina si fa evaporare l'acqua del mare e si ottiene una grande quantità di sale.

Una caratteristica della Puglia sono i **Trulli**: abitazioni in pietra dalla forma circolare e con tetto a cono. Moltissimi trulli si trovano nella città di **Alberobello**, dove anche la chiesa è stata costruita a forma di tullo.

Dalla città di Taranto viene la **tarantella**, la più famosa danza tradizionale Italiana. Questo ballo popolare include passi leggeri e veloci, dove le danzatrici usano dei tamburelli.

La tarantella di solito viene ballata da gruppi di coppie durante matrimoni o feste.

# BASILICATA

**Provinces (Counties):** the region includes 2 provinces: Matera and Potenza.

**Regional Capital (County seat):** Potenza

**Highest mountain:** Mount Pollino

**Longest river:** Basento

The land of this region includes mostly mountains and hills. Basilicata's plains are very narrow and at one time they were swampy. Nowadays the swamps have been almost completely reclaimed as land.

In Basilicata there is a city well-known for its unusual homes; it is the town of Matera. In an area of this town, homes have been dug in the stone, just like caves. This area is called **Stones of Matera** and it is one of the most ancient villages in Italy, built about 9000 years ago.

Basilicata was once called **Lucania** and that is why his inhabitants are still called **Lucani**.

# BASILICATA

**Province:** Regione formata da 2 province: Matera e Potenza.

**Capoluogo:** Potenza

**Monte più alto:** Monte Pollino

**Fiume più lungo:** Basento

La regione comprende sopratutto montagne e colline. La pianura della Basilicata è molto sottile e una volta era paludosa e malsana. Ora è quasi completamente bonificata.

In Basilicata si trova una città famosa per le sue abitazioni: la città di Matera. Infatti, in una zona di questa città, le case sono state scavate nella roccia come delle vere e proprie grotte. Questa zona di case si chiama i **Sassi di Matera** ed è uno dei più antichi villaggi costruiti in Italia, edificato circa 9000 anni fa.

Una volta la Basilicata si chiamava **Lucania** ed è per questo motivo che ora i suoi abitanti si chiamano **Lucani**.

One of the most important medieval castles in Southern Italy is the **Castle of Melfi** in Basilicata.

It is almost 1000 years old, has 10 towers, and has a moat and a bridge that needs to be crossed in order to enter the castle, just like in the old times.

*Draw a line to connect the words that have similar meaning*

| | |
|---|---|
| Rock | Cavern |
| Little town | Lucani |
| Cave | Lucania |
| Basilicata | Stone |
| Inhabitants of Basilicata | Village |

Uno dei castelli medievali più importanti del sud d'Italia è il **Castello di Melfi**, in Basilicata. Ha quasi 1000 anni, ha 10 torri e un fossato con ponte levatoio che permette l'entrata nel castello, proprio come si usava tanto tempo fa.

*Traccia una riga per collegare le parole che hanno un significato simile*

| | |
|---|---|
| Roccia | Grotta |
| Cittadina | Lucani |
| Caverna | Lucania |
| Basilicata | Pietra |
| Abitanti della Basilicata | Villaggio |

# CALABRIA

**Provinces (Counties):** the region includes 5 provinces: Catanzaro, Cosenza, Crotone, Reggio di Calabria, and Vibo Valentia.

**Regional Capital (County seat):** Catanzaro

**Highest mountain:** Mount Pollino

**Longest river:** Neto

**Largest lake:** Ampollino

Italy is shaped like a boot and Calabria sits right on the tip of its toe. This region counts many kilometers (miles) of coastlines because it is surrounded by the sea on its three sides.

Calabria has three **national parks** in its territory: Sila National Park, Aspromonte National Park, and Pollino National Park.

Many archeological sites can be found in this region, such as ancient theaters, temples, and columns that were built thousands of years ago.

# CALABRIA

**Province:** Regione formata da 5 province: Catanzaro, Cosenza, Crotone, Reggio di Calabria e Vibo Valentia.

**Capoluogo:** Catanzaro

**Monte più alto:** Monte Pollino

**Fiume più lungo:** Neto

**Lago più grande:** Ampollino

L'Italia ha la forma di uno stivale e la Calabria si trova proprio sulla punta. Questa regione ha tantissimi chilometri (miglia) di coste perché è circondata su tre lati dal mare.

La Calabria ha nel suo territorio tre **parchi nazionali**: il Parco Nazionale della Sila, quello dell'Aspromonte e quello del Pollino.

In questa regione si trovano tanti resti archeologici: antichi teatri, templi e colonne che sono stati costruiti migliaia di anni fa.

Two ancient statues made of bronze can be found inside a museum located in the city of Reggio Calabria; they were found on the bottom of the sea and are called **Riace's Bronzes**.

Among the first inhabitants of the region was a tribe of people called **Itali**. For this reason, at one point the region came to be called **Italia**.

An ancient legend talks about a monster called **Scylla**, who lived right where today's town of Scilla lies, in Calabria. This town is next to the **Messina Strait**, which is the channel separating Calabria from Sicily. On the Sicilian side there was another monster, **Charybdis**. The two sides of the strait are so close that it was said that if sailors were to avoid one monster, they would end up too close to the other one.

The legend of **Scylla and Charybdis** was probably created to explain the rough waters found in the Messina Strait, where sailing was very difficult. The danger was then explained by the presence of two monsters that swallowed ships and made them sink. They are described in a book called **Odyssey** by the great ancient Greek poet, **Homer**.

*Circle the things that you can find in Calabria*

| | |
|---|---|
| Statues | Large plains |
| Glaciers | Beaches |
| Ancient ruins | Waterfalls |
| Italy's highest mountain | Natural parks |

In un museo di Reggio Calabria sono conservati i famosi **Bronzi di Riace**: due antiche statue fatte di bronzo, ritrovate sul fondo del mare.

Tra i primi abitanti della regione ci furono le popolazioni degli **Itali**, ed è per questo motivo che inizialmente la regione era conosciuta col nome di **Italia**.

Un'antica leggenda parla di un mostro chiamato **Scilla**, che abitava proprio dove oggi sorge la cittadina di Scilla, in Calabria. Questa città si trova proprio sullo **Stretto di Messina**, che è quella fascia di mare che separa la Calabria dalla Sicilia. Sul lato della Sicilia si trovava il mostro **Cariddi**. I due lati dello stretto sono abbastanza vicini e quindi si diceva che se i marinai cercavano di evitare un mostro, rischiavano di avvicinarsi troppo all'altro.

Probabilmente la storia di Scilla e di Cariddi era stata creata per spiegare la turbolenza delle acque del mare nello stretto di Messina, dove era molto difficile navigare. Si pensava che fossero i due mostri ad inghiottire le acque e a far affondare le navi. Questi mostri sono descritti in un libro intitolato **Odissea** scritto dal grande poeta dell'antica Grecia: **Omero**.

*Traccia un cerchio attorno alle cose che si trovano in Calabria*

| | |
|---|---|
| Statue | Grandi pianure |
| Ghiacciai | Spiagge |
| Antiche rovine | Cascate |
| La montagna più alta d'Italia | Parchi naturali |

# SICILY

**Provinces (Counties):** the region includes 9 provinces: Agrigento, Caltanisetta, Catania, Enna, Messina, Palermo, Ragusa, Siracusa, and Trapani.

**Regional Capital (County seat):** Palermo

**Highest mountain:** Etna

**Longest river:** Salso

**Largest island:** Lipari (Eolie Islands)

Sicily is Italy's southernmost region. It is also Italy's largest region and the largest island in the Mediterranean Sea.

Many volcanoes can be found in this region; some are still active and they can only be observed from a safe distance or when they are not erupting. The region's largest volcano is Mount **Etna**, still active and spectacular. Another active volcano is the one that forms the island of Stromboli.

Many ancient **Greek temples** can be found in Sicily. These temples were built in ancient times when Sicily was part of Greece. The most beautiful and best-preserved temples can be found in the town of Agrigento.

# SICILIA

**Province:** Regione formata da 9 province: Agrigento, Caltanisetta, Catania, Enna, Messina, Palermo, Ragusa, Siracusa e Trapani.

**Capoluogo:** Palermo

**Monte più alto:** Etna

**Fiume più lungo:** Salso

**Isola più grande:** Lipari (Isole Eolie)

La Sicilia è la regione più a sud d'Italia. È anche la regione più grande d'Italia e l'isola più grande del Mar Mediterraneo.

In questa regione si trovano molti vulcani: alcuni sono attivi e possono essere osservati solo da lontano o nei momenti in cui non eruttano. Il vulcano più grande è il **Monte Etna**, ancora molto attivo e spettacolare. Un altro vulcano attivo è quello che ha formato l'isola di **Stromboli**.

Nel territorio della Sicilia si trovano molti templi greci. Questi furono costruiti nell'antichità quando la Sicilia faceva parte della Grecia. I templi più belli e meglio conservati si trovano ad Agrigento.

Sicily is a region rich in traditions. One of these traditions is to set up puppet shows. The puppets used for these shows are called **pupi**. These are operated with sticks or strings and are used to represent knights and battle scenes.

Over 2000 years ago, in the city of Syracuse, was born one of the greatest scientist and mathematicians of all time, Archimedes. He is most famous for his work on levers and for saying, "Give me a place to stand on, and I will move the Earth."

The cuisine of Sicily is very healthy and tasty and it includes many dishes with fresh vegetables and fish.

Sicilian sweet dishes include:

- **Cannoli**: a tube-shaped shell of pastry filled with a sweet cheese mixture
- **Cassata**: a sponge cake layered with ricotta cheese and candied peel, and covered with a shell of marzipan, icing, and candied fruit
- **Granita**: shaved ice flavored with sweet syrups

La Sicilia è una regione ricca di tradizioni. Una di queste è quella degli spettacoli di **pupi**. I Pupi sono marionette che vengono mosse con fili e con stecche e che si usano per rappresentare scene di cavalieri e di battaglie.

Circa 2000 anni fa nella città di Siracusa nacque uno dei più importanti scienziati e matematici mai vissuti: **Archimede**. I suoi studi più famosi riguardano le leve e in particolare si ricorda la sua frase: "Datemi un punto d'appoggio e vi solleverò il mondo".

La cucina siciliana è molto sana e saporita e comprende molte pietanze fatte con verdure fresche e con pesce.

Tra i dolci siciliani ricordiamo:

- I **cannoli**: una pasta croccante a forma di tubo, ripiena di ricotta dolce
- La **cassata**: un dolce spugnoso formato da strati di ricotta e scorze candite, ricoperto di marzapane, glassa e frutta candita
- La **granita**: ghiaccio granulato ed insaporito con sciroppi dolci

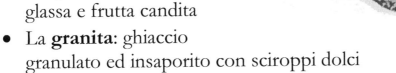

# SARDINIA

**Provinces (Counties):** the region includes 4 provinces: Cagliari, Nuoro, Oristano, and Sassari.

**Regional Capital (County seat):** Cagliari

**Highest mountain:** Punta La Marmora in the Gennargentu

**Longest river:** Tirso

**Largest island:** Asinara

Sardinia's landscape includes long and flat hills, plains, and sandy or rocky beaches. Swamps are found in the southern part of the region where many birds gather. Among them the best-known are **pink flamingos**.

Cork oaks grow abundantly on the land of Sardinia. **Cork** is the material that grows around the trunk of the oak trees and is used mostly to make wine bottle stoppers.

Some unusual stone buildings can be found in Sardinia; they are called **nuraghi**. These were ancient Sardinian homes; approximately 7000 remain on the island.

# SARDEGNA

**Province:** Regione formata da 4 province: Cagliari, Nuoro, Oristano e Sassari.

**Capoluogo:** Cagliari

**Monte più alto:** Punta La Marmora nel Gennargentu

**Fiume più lungo:** Tirso

**Isola più grande:** Asinara

Il paesaggio della Sardegna comprende colline lunghe e piatte, pianure e lunghe spiagge sabbiose e rocciose. Nella zona a sud ci sono degli stagni dove si possono osservare tanti uccelli, tra i quali i più conosciuti sono i **fenicotteri rosa**.

In Sardegna crescono moltissime querce da sughero. Il **sughero** riveste il tronco della quercia ed è utilizzato per la produzione di tappi per bottiglia.

In Sardegna ci sono delle costruzioni di pietra chiamate **nuraghi**. Queste erano le abitazioni degli antichi sardi e nell'isola ce ne sono circa 7000.

A traditional food of Sardinia is a flatbread called **pane carasau,** also known as **carta musica,** meaning sheet music, because of its large and paper-thin shape.

This bread is in fact extremely thin and crisp and can last for many months if it is kept dry.

The recipe is ancient and was conceived for the shepherds, who used to stay away from home for months at a time and needed to carry food that would not spoil.

## *Guessing game*

*Is Sardinia the largest island in Italy?*

   *A. No, Sicily is the largest island in Italy*

   *B. Yes, Sardinia is the largest island in Italy*

   *C. Sardinia and Sicily are the same size*

Un cibo tradizionale sardo è un pane piatto chiamato **pane carasau**, anche conosciuto col nome di **carta musica** a causa della sua forma piatta e sottile. Questo pane è così sottile e croccante che si mantiene per vari mesi, se conservato asciutto.

La ricetta è molto antica ed è stata creata dai pastori che trascorrevano tanti mesi lontano da casa e avevano bisogno di portare con sé del cibo che non andasse a male.

## *Indovinello*

*La Sardegna è l'isola più grande d'Italia?*

   *A. No, la Sicilia è l'isola più grande d'Italia.*

   *B. Sì, la Sardegna è l'isola più grande d'Italia.*

   *C. La Sardegna e la Sicilia sono della stessa grandezza.*

# PART TWO

## -

# MODULO DUE

Reading section for more advanced students

*Letture per studenti di livello più avanzato*

# 2

# Cardinal Points
# (Cardinal Directions)

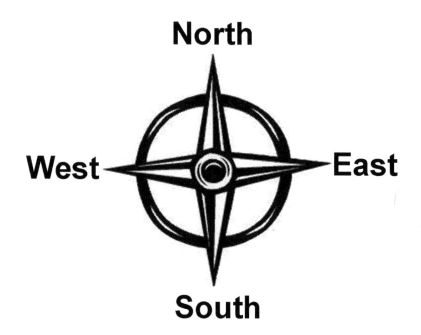

## Measurements in the Metric System
## and in the US and Imperial Systems

| Lenght (Metric) | Symbol | Equals to (USA and UK): |
|---|---|---|
| Kilometer | km | 0.62 miles |
| Meter | m | 3.28 feet |
| Centimeter | cm | 0.39 inches |
| Millimiter | mm | 0.039 inches |

| Lenght (USA and UK) | Symbol | Equals to (Metric): |
|---|---|---|
| Mile | mi | 1.6093 kilometers |
| Feet | ft | 0.3048 meters |
| Inches | in | 2.54 centimeters |

# Punti Cardinali
# (Rosa dei Venti)

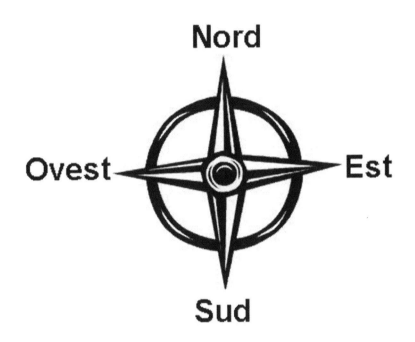

## Misure nel Sistema Metrico Decimale
## e nei Sistemi Statunitense e Imperiale Britannico

| Lunghezza (Metrico) | Simbolo (Metrico) | Equivale a (USA e UK): |
|---|---|---|
| Chilometro: | km | 0.62 miglia |
| Metro | m | 3.28 piedi |
| Centimetro | cm | 0.39 pollici |
| Millimetro | mm | 0.039 pollici |

| Lunghezza (USA e UK) | Simbolo (USA e UK) | Equivale a (Metrico): |
|---|---|---|
| Miglia | mi | 1.6093 chilometri |
| Piedi | ft | 0.3048 metri |
| Pollici | in | 2.54 centimetri |

# Regions, Regional Capitals and Name of Residents

| Region | Population | Capital | Population |
|---|---|---|---|
| Abruzzo | Abruzzesi | L'Aquila | Aquilani |
| Basilicata | Lucani | Potenza | Potentini |
| Calabria | Calabresi | Catanzaro | Catanzaresi |
| Campania | Campani | Naples | Neapoletans |
| Emilia-Romagna | Emiliani | Bologna | Bolognesi |
| Friuli-Venezia Giulia | Friulani | Trieste | Triestini |
| Lazio | Laziali | Rome | Romans |
| Liguria | Liguri | Genoa | Genovesi |
| Lombardy | Lombards | Milan | Milanesi |
| Marche | Marchigiani | Ancona | Anconitani Anconetani |
| Molise | Molisani | Campobasso | Campobassani |
| Piedmont | Piedmontese | Turin | Torinesi |
| Apulia | Apulians | Bari | Baresi |
| Sardinia | Sardinians | Cagliari | Cagliaritani |
| Sicily | Sicilians | Palermo | Palermitani |
| Tuscany | Tuscans | Florence | Florentines |
| Trentino-Alto Adige | Trentini | Trento | Trentini |
| Umbria | Umbri | Perugia | Perugini |
| Valle d'Aosta | Valdostani | Aosta | Aostani |
| Veneto | Veneti | Venice | Venetians |

# Regioni, Capoluoghi
# e Nomi degli Abitanti

| Regione | Abitanti | Capoluogo | Abitanti |
|---|---|---|---|
| Abruzzo | Abruzzesi | L'Aquila | Aquilani |
| Basilicata | Lucani | Potenza | Potentini |
| Calabria | Calabresi | Catanzaro | Catanzaresi |
| Campania | Campani | Napoli | Napoletani |
| Emilia-Romagna | Emiliani | Bologna | Bolognesi |
| Friuli-Venezia Giulia | Friulani | Trieste | Triestini |
| Lazio | Laziali | Roma | Romani |
| Liguria | Liguri | Genova | Genovesi |
| Lombardia | Lombardi | Milano | Milanesi |
| Marche | Marchigiani | Ancona | Anconitani Anconetani |
| Molise | Molisani | Campobasso | Campobassani |
| Piemonte | Piemontesi | Torino | Torinesi |
| Puglia | Pugliesi | Bari | Baresi |
| Sardegna | Sardi | Cagliari | Cagliaritani |
| Sicilia | Siciliani | Palermo | Palermitani |
| Toscana | Toscani | Firenze | Fiorentini |
| Trentino-Alto Adige | Trentini | Trento | Trentini |
| Umbria | Umbri | Perugia | Perugini |
| Valle d'Aosta | Valdostani | Aosta | Aostani |
| Veneto | Veneti | Venezia | Veneziani |

# Key Facts and Records

Italy's **largest** region is Sicily, while the **smallest** is Valle d'Aosta.

Italy's **northernmost** point is Vetta d'Italia, in Trentino Alto Adige. The **southernmost** point is Punta Pesce Spada, in the island of Lampedusa.

Italy's **highest mountain** is Monte Bianco in the Valle d'Aosta region (4.810 meters high). The highest peak in the Apennines is Gran Sasso d'Italia, in the Abruzzo region, 2,912 meters high.

Lombardy is Italy's **most populated** region, with about 9 million inhabitants. The **least populated** region is Valle d'Aosta with less than 150.000 people.

The region with the **highest population density** is Campania. Valle d'Aosta is the region with the **lowest population density**.

The three **most populated cities** in Italy are Rome (with about two and a half million people), Milan (with about one and a half million), and Naples (with about one million).

Two **independent states** are located within the Italian territory: the **Vatican City** and the **Republic of San Marino**.

# Dati e Primati

La Regione **più grande** d'Italia è la Sicilia, mentre la **più piccola** è la Valle d'Aosta.

Il punto **più a nord** dello stato italiano è la Vetta d'Italia, in Trentino Alto Adige. Il punto **più a sud** è Punta Pesce Spada, nell'isola di Lampedusa.

Il **monte più alto** d'Italia è il Monte Bianco in Valle d'Aosta (4.810 metri). La cima più alta degli Appennini è il Gran Sasso d'Italia, in Abruzzo, alto 2,912 metri.

La Regione **più popolata** è la Lombardia con circa 9 milioni di abitanti e la **meno popolata** è la Valle d'Aosta che ha meno di 150.000 abitanti.

La Regione con **maggior densità di popolazione** è la Campania. La Valle d'Aosta è la regione con **minore densità di popolazione**.

Le tre **città più popolose** sono Roma (circa due milioni e mezzo di abitanti), Milano (circa un milione e mezzo) e Napoli (circa un milione).

Nel territorio italiano ci sono due **stati indipendenti**: la **Città del Vaticano** e la **Repubblica di San Marino**.

# Geographic landmarks and facts about the 20 regions

# *Punti di interesse geografico e fatti riguardanti le 20 regioni*

# VALLE D'AOSTA

## Origin of the name:

The name of this region and its capital come from Augusta Praetoria, a city founded by the Romans and named after Ottaviano Augusto.

## Other interesting facts:

In the Valle D'Aosta region we find Italy's highest mountain, Mont Blanc, in the Alps on the border of Italy and France. Its peak is 4810 meters (15,782 ft) above sea level.

The majority of the people in Valle d'Aosta speak a French dialect called *Franco-Provençal Patois* and bilingualism is officially recognized, even in public documents and local laws. It is mandatory to teach French in the schools. Some people living in the Gressoney Valley speak German. They are called *Walser*.

The climate of this region is the one found all over the Alpine region, with cold winters and cool summers.

# VALLE D'AOSTA

## Origini del nome:

Il nome della regione e del suo capoluogo derivano da Augusta Praetoria, una città fondata dai Romani, così chiamata in onore di Ottaviano Augusto.

## Altre informazioni e curiosità:

Nella valle d'Aosta si trova la cima più alta d'Italia, il Monte Bianco, sulle Alpi al confine tra Italia e Francia. La cima raggiunge i 4810 metri (15782 piedi) sul livello del mare.

La maggior parte degli abitanti parla un dialetto francese, il *patois franco-provenzale* e il bilinguismo è ufficialmente riconosciuto, anche negli atti pubblici e amministrativi. Le scuole hanno l'obbligo di insegnare la lingua francese. Nella Valle di Gressoney un piccolo gruppo di persone parla la lingua tedesca. Questa popolazione è chiamata *Walser*.

Il clima è tipico delle regioni alpine: molto freddo d'inverno e fresco d'estate.

*Nota grammaticale: In italiano i nomi dei popoli antichi vengono generalmente scritti con la lettera maiuscola, mentre quelli delle popolazioni moderne vengono scritti in minuscolo. In questa sezione del libro si è seguita questa convenzione.*

# PIEDMONT

## Origin of the name:

The name of this region means "at the foot of the mountains."

## Other interesting facts:

Po, Italy's longest river, has its source in the Piedmont region and is 652 km (405 miles) long.

A very old tradition found in Piedmont is the celebration of Carnival in the town of Ivrea.
This is one of the oldest carnivals in the world and is mostly known for its Battle of the Oranges.
Every year the citizens split into two teams: *Aranceri* (orange throwers) on foot and *Aranceri* on carts.
Aranceri on foot throw oranges, which represent ancient arrows and stones, at Aranceri on carts, who can throw oranges back at the people in the streets.

In the evening of the last day of Carnival, Fat Tuesday, many big poles are erected in the middle of each district's square, covered with dry bushes, and set on fire to signal the end of the celebrations.

# PIEMONTE

## Le origini del nome:

Il nome della regione significa "ai piedi dei monti".

## Altre informazioni e curiosità:

Il fiume più lungo d'Italia, Il Po, nasce in Piemonte ed è lungo 652 km (405 miglia).

Un'antica tradizione piemontese è il Carnevale di Ivrea. Si tratta di uno dei più antichi carnevali del mondo, famoso soprattutto per la Battaglia delle Arance.

Ogni anno la popolazione si suddivide in due gruppi: gli *Aranceri a piedi* e gli *Aranceri sui carri*. Gli Aranceri a piedi lanciano arance (che rappresentano antiche frecce e sassi) contro gli Aranceri sui carri che lanciano arance sulla folla nelle strade.

La sera dell'ultimo giorno di carnevale, Martedì Grasso, vengono eretti dei pali nel mezzo delle piazze di ciascun quartiere. I pali vengono poi coperti con della paglia e bruciati per indicare la fine dei festeggiamenti.

# LOMBARDY

## Origin of the name:

This region was named after its original inhabitants, the *Lombards*.

## Other interesting facts:

Lombardy is the most populated region in Italy. Most of its residents come from other regions or from other countries of the world. This is because Lombardy is Italy's most industrialized region and the one with the most job opportunities.

Italy's largest lake is Lake Garda. This beautiful lake is shared between Lombardy, Trentino Alto Adige, and Veneto.

# LOMBARDIA

## Le Origini del Nome:

Il nome deriva dal popolo germanico che abitava nella regione, i
*Longobardi.*

## Altre informazioni e curiosità:

La Lombardia è la regione più popolata d'Italia. Gran parte dei residenti
proviene da altre regioni d'Italia o da altri paesi del mondo. Questo perché
la Lombardia è la regione italiana più industrializzata e più ricca di
opportunità di lavoro.

Il lago più esteso d'Italia è l'incantevole Lago di Garda, che la Lombardia
condivide con Trentino Alto Adige e Veneto.

# TRENTINO ALTO ADIGE

## Origin of the name:

The region's name comes from the combination of two areas.
The southern part is called Trentino. The name comes from its capital, the city of Trento, whose name comes from the Latin word *tridentum*, which means "old town hall."
The northern part is called Alto Adige after the Adige River that runs through this area.
This region's German name is South Tyrol, because until 1918 it was part of the Austrian Tyrol region.

## Other interesting facts:

Trentino Alto Adige is a bilingual region; in the Trento area people speak Italian, while in the Bolzano area most people speak German. In some mountain valleys of Trentino people speak *Ladino*, a language that originated from Latin.

# TRENTINO ALTO ADIGE

## Le Origini del Nome:

Questa regione ha due nomi perché è composta da due regioni distinte.
La parte meridionale è il Trentino che prende il suo nome dal capoluogo,
Trento, dal latino *tridentum* (antico municipio).
La parte settentrionale è l'Alto Adige, chiamata così perché il fiume Adige
la attraversa.
Sud Tirolo è il nome tedesco dell'Alto Adige perché fino al 1918 questa
regione faceva parte del territorio austriaco del Tirolo.

## Altre informazioni e curiosità:

In Trentino Alto Adige vige il bilinguismo: nella provincia di Trento si
parla l'italiano mentre nella provincia di Bolzano si parla sopratutto il
tedesco. In alcune valli di montagna del Trentino è diffuso il *ladino*, che è
una lingua che deriva dal latino.

# VENETO

## Origin of the name:

Ancient Romans called this region *Venetia* after the name of its original
inhabitants.

## Other interesting facts:

One of the main tourist destinations of Veneto is the city of Verona. The
city's attractions include its architecture, several annual fairs, and shows
and operas, such as the lyric opera season held in the Arena, the ancient
amphitheatre built by the Romans.
Three plays by the great English poet and playwright, William
Shakespeare, are set in Verona: "Romeo and Juliet", "The Two
Gentlemen of Verona", and "The Taming of the Shrew".

# VENETO

## Le Origini del Nome:

Al tempo dei Romani la regione fu chiamata *Venetia* dal nome dell'antico popolo che l'abitava.

## Altre informazioni e curiosità:

La città di Verona è una delle maggiori attrazioni turistiche del Veneto. I punti d'interesse della città comprendono la sua architettura, le fiere, gli spettacoli e l'opera. La stagione lirica si tiene ogni anno nell'Arena, l'antico anfiteatro costruito dai romani.
Tre opere teatrali del grande poeta e drammaturgo inglese William Shakespeare sono ambientate a Verona: "Giulietta e Romeo", "I due Gentiluomini di Verona", e "La Bisbetica Domata".

# FRIULI VENEZIA GIULIA

## Origin of the name:

This region is made of two areas:
- The name of Friuli originates from the ancient Roman market of "Forum Julii."
- Venezia Giulia is a more recent name created in remembrance of the Venetian inhabitants and the "Gens Julia," which was the name of Caesar's family.

## Other interesting facts:

Friuli Venezia Giulia is located on Italy's border with Austria in the north and Slovenia to the east. Because of its proximity to other nations, many minorities live in this region. They speak Slavic languages and German.

# FRIULI VENEZIA GIULIA

## Le Origini del Nome:

Questa regione è composta da due zone geografiche:
- il nome Friuli deriva da *"Forum Julii"* che era il nome dell'antico mercato costruito dai Romani.
- Venezia Giulia invece è un nome recente che ricorda gli abitanti Veneti e la *"Gens Julia"*, antico nome della famiglia di Giulio Cesare.

## Altre informazioni e curiosità:

Il Friuli Venezia Giulia è una terra di frontiera che confina con l'Austria a nord e con la Slovenia a est. A causa della vicinanza ad altre nazioni, nel suo territorio sono presenti minoranze etniche che parlano lingue slave e il tedesco.

# LIGURIA

## Origin of the name:

This region was named after its first inhabitants, the *Ligurians*.

## Other interesting facts:

Liguria's climate is very mild thanks to the sea breezes that cool the area in the summer and bring warmth in the winter. The mountains also shelter the region from the cold northern winds. This is the perfect climate for evergreen plants like the maritime pine tree, the olive tree, palm trees, cypresses, and laurel.

# LIGURIA

## Le origini del nome:

La regione prende il nome dai suoi primi abitanti, i *Liguri*.

## Altre informazioni e curiosità:

Il clima è mite grazie alle brezze marine che rinfrescano d'estate e mitigano d'inverno e alle catene montuose che proteggono la costa dai venti freddi del nord. È un clima ideale per la vegetazione sempreverde, come il pino marittimo, l'ulivo, le palme, i cipressi e l'alloro.

# EMILIA ROMAGNA

## Origin of the name:

Ancient Romans built a road honoring the Roman consul, Marco Emilio Lepido. This road ran from Rimini to Piacenza and was called *Aemilia*; that's where this region's name comes from.

Later, Romans lost this territory to the Lombards and Byzantines, who respectively called these lands *Longobardia* and *Romania*. The part of Emilia Romagna now called *Romagna* was anciently called *Romania*.

With Italy's unification, the region took back its original name of *Emilia* and in 1947 was given its current name, "Emilia Romagna."

## Other interesting facts:

Emilia Romagna is one of Italy's top growers of many fruits and vegetables, mostly thanks to its good climate and use of advanced farming techniques.

The Ferrari factory, where one of the fastest cars in the world is produced, is located in this region, in the town of Maranello.

# EMILIA ROMAGNA

## Le origini del nome:

Gli antichi Romani costruirono una strada in onore del console romano
Marco Emilio Lepido. Questa collegava Rimini a Piacenza e si chiamò
*Aemilia*. Da questa strada è stato dato il nome alla regione.
Più tardi. i Romani persero questo territorio che venne spartito tra i
Longobardi e i Bizantini, chiamando rispettivamente queste terre
*Longobardia* e *Romania*. La zona dell'attuale Romagna era di dominio
bizantino.
Con l'unità d'Italia, alla regione venne ridato il nome originario di *Emilia* e
nel 1947 le fu assegnato l'attuale nome di "Emilia Romagna".

## Altre informazioni e curiosità:

L'Emilia Romagna ha il primato in Italia nella produzione di frutta e
verdura grazie al clima favorevole e all'uso di moderne tecniche di
coltivazione.

In questa regione, nella città di Maranello, si trova la fabbrica della Ferrari,
che produce alcune delle macchine più
veloci del mondo.

# TUSCANY

## Origin of the name:

A long time ago, this region was occupied by the Etruscans who were called *Tuschi*. The name of this region at the time was *Etruria* or *Tuscia*. The name Toscana originates from the name Tuscia.

## Other interesting facts:

In the northern side of the region there is a chain of mountains called *Apuane Alps*. They have sharp peaks and are made of white-colored limestone. This particular limestone is called *Carrara marble* and is one of the finest stones in the world. It is mostly used to make statues and columns and for decorative elements in monuments, buildings, and homes.

Another part of the region is well known for its wine production; this is the famous *Chianti* region where long lines of grapevines cover the gentle hills of this land.

# TOSCANA

## Le origini del nome:

Nell'antichità questa regione era il territorio degli Etruschi, anche chiamati *Tuschi*. Il nome della Regione a quei tempi era *Etruria* o *Tuscia*. In seguito da Tuscia si formò il nome Toscana.

## Altre informazioni e curiosità:

Nella parte nord della Toscana si trova una catena di montagne, le Alpi Apuane, dalle cime aguzze e formate da rocce calcaree di colore bianco. Il materiale che forma queste montagne è il marmo di Carrara, uno dei marmi più pregiati al mondo, che viene utilizzato per fare statue, colonne, e decorazioni per monumenti, palazzi e case.
Un'altra parte della regione è invece molto conosciuta per la produzione del vino. Questa è la zona del Chianti, le cui colline ondulate sono ricoperte da lunghe file di vigneti.

# MARCHE

## Origin of the name:

These lands were inhabited by the *Piceni* so when the ancient Romans conquered this region they named it *Picenum*. With time, the region was internally divided into many small territories called *Marchesati*, which is the basis for the region's actual name.

## Other interesting facts:

In 1971 a cavernous system that stretches beneath the Apennine Mountains for 13 kilometers (8 miles) was discovered in the province of Ancona.
It is called the *Frasassi Caves* and contains some of the largest caverns in the world.

# MARCHE

### Le origini del nome:

Queste terre erano anticamente abitate dai *Piceni*. Dopo la conquista da parte dei Romani questa zona fu chiamata *Picenum*. Col passare del tempo la regione fu suddivisa in tanti piccoli territori chiamati marchesati, dai quali appunto deriva il nome attuale della regione.

### Altre informazioni e curiosità:

Nel 1971 fu scoperto un sistema di grotte che si estende per 13 chilometri (8 miglia) sotto gli Appennini, nella provincia di Ancona. Queste sono le *grotte di Frasassi* e comprendono alcune delle cavità più grandi del mondo.

# UMBRIA

## Origin of the name:

The region is named after Umbria's ancient inhabitants, the *Umbri*.

## Other interesting facts:

Umbria is sometimes referred to as the "Land of Saints" because many Christian saints were born and lived in this region.

St. Francis and St. Clare of Assisi, St. Rita of Cascia, and St. Benedict are the best-known saints who were born in Umbria.

# UMBRIA

## Le origini del nome:

La regione prende il nome dalla popolazione che viveva in Umbria nei tempi antichi: gli *Umbri*.

## Altre informazioni e curiosità:

L'Umbria viene anche chiamata "La Terra dei Santi" perché tanti santi cristiani sono nati e vissuti in questa regione.

San Francesco d'Assisi e Santa Chiara, Santa Rita da Cascia e San Benedetto sono i santi più conosciuti tra quelli nati in Umbria.

# LAZIO

## Origin of the name:

This territory was called Lazio, from the Latin word *Latium*, because of its early inhabitants, the *Latins*.

## Other interesting facts:

Tourism is the main resource of this region. The city of Rome, also called the "eternal city," is world-famous for its many fountains, churches, monuments, and works of art; it is visited by many tourists every year.

Many Roman fountains are used as decorative elements and as drinking fountains. The most popular fountain in Rome is the grandiose *Trevi Fountain* where, according to tradition, people wishing to return to Rome need only to toss a coin in its waters to make it happen.

# LAZIO

## Le origini del nome:

Questo territorio era chiamato Lazio, dal latino *Latium*, perché
inizialmente era abitato dal popolo dei *Latini*.

## Altre informazioni e curiosità:

Il turismo è una delle principali risorse economiche di questa regione. La
città di Roma, anche detta "città eterna", è famosa al mondo per la
quantità di fontane, chiese, monumenti ed opere d'arte, ed è visitata ogni
anno da moltissimi turisti.

Le fontane di Roma esistono sia a scopo decorativo sia per l'utilizzo
dell'acqua potabile. La fontana più famosa della città è la grandiosa *Fontana
di Trevi* dove, per tradizione, chi desidera tornare a Roma deve tirare una
moneta nell'acqua.

# ABRUZZO

**Origin of the name:**

The name Abruzzo comes from the Latin word *Aprutium*.
During its long history the region was divided in two parts: *Further Abruzzo* and *Hither Abruzzo*.

With Italy's unification in 1860 the region was joined to another region, Molise, so the new region became *Abruzzi and Molise*. When Abruzzo and Molise where separated in 1963, the region took back its original name, Abruzzo.

**Other interesting facts:**

The highest peaks of the Apennine Mountains, the Gran Sasso d'Italia and the Maiella, are in this region.

The traditional product of Abruzzo is saffron. Historically considered the world's most esteemed and expensive spice, it is the dried stigma of a flower, the purple crocus. It's very expensive because it takes thousands of hand-picked flowers to produce a handful of spice.

In Italy, saffron is mainly used to flavor and color rice-based dishes, cookies, and meats.

# ABRUZZO

## Le origini del nome:

Il nome Abruzzo deriva dalla parola latina *Aprutium*. Durante la sua lunga storia, la regione fu divisa in due parti: *Abruzzo Ulteriore* e *Abruzzo Citeriore*.

Nel 1860 con l'Unità d'Italia, alla regione fu annesso anche il Molise e alla nuova regione fu dato il nome di *Abruzzi e Molise*. Quando Abruzzo e Molise furono separati nel 1963, la regione tornò a chiamarsi Abruzzo.

## Altre informazioni e curiosità:

Le cime più alte della catena degli Appennini, Il Gran Sasso d'Italia e la Maiella, si trovano in questa regione.

Un prodotto tipico dell'Abruzzo è lo zafferano. Questo è da sempre considerato una delle spezie più pregiate e costose al mondo e deriva dallo stigma del fiore del *Crocus* viola. Lo zafferano costa molto perché per produrne una manciata, occorre raccogliere, a mano, migliaia di fiori.

In Italia, lo zafferano è principalmente utilizzato per dare sapore e colore a piatti a base di riso, biscotti e carni.

# MOLISE

## Origin of the name:

The region is named after the Counts De Molise who lived in these lands a long time ago.

## Other interesting facts:

Two very old traditions are still alive in Molise: the production of handmade lace and the manufacture of blades and knives.

The knives are the legacy of the tradition of making blades for weapons which flourished hundreds of years ago in some areas of Molise.

The craft of making lace has been transmitted from mother to daughter for hundreds of years; beautiful and intricate creations are still made by hand, just like in the old days.

# MOLISE

## Le origini del nome:

Il nome della regione deriva dal nome dei Conti Molise che vissero in queste terre tanto tempo fa.

## Altre informazioni e curiosità:

Due antiche tradizioni che sopravvivono in Molise sono la produzione artigianale dei pizzi e quella della fabbricazione di lame e coltelli.

I coltelli derivano dall'antica tradizione della produzione di lame per l'industria delle armi, molto florida in Molise tanti secoli fa.

La produzione artigianale di merletti è stata trasmessa di madre in figlia per centinaia di anni. Tanti bellissimi e complessi merletti vengono ancora fatti a mano come una volta.

# CAMPANIA

## Origin of the name:

During Roman times the area around the city of Capua was called *Agro Capuano*. This area then became known as *Agro Campano*, which finally became *Campania*. This was also the name given to the section of land located along the Tyrrhenian Sea.

## Other interesting facts:

The mild climate and the volcanic soil of the region are perfect for agriculture. And that is why Campania is the top Italian producer of vegetables such as tomatoes, potatoes, eggplant, bell peppers, and peas. It is also a big producer of fruits including figs, apricots, plums, cherries, and citrus (oranges and lemons).

The production of handcrafted products is also very big in Campania. Laces, inlays, cameos, and porcelains are some of the fine handmade products that are made in the region.

It is interesting to note that, in Italian, the name for bell is "campana". This is because the first church bell was made in Campania, around the year 400 AD. The first bell tower, too, was built in Campania, in the town of Nola.

# CAMPANIA

## Le origini del nome:

La zona intorno alla città di Capua al tempo dei Romani si chiamava *Agro Capuano* che successivamente diventò *Agro Campano* e per finire *Campania*. Questo era il nome dato alle zone lungo la costa che si affacciano sul Mar Tirreno.

## Altre informazioni e curiosità:

Il clima mite ed il suolo vulcanico della regione sono perfetti per l'agricoltura. Per questo motivo la Campania detiene i primati in Italia nella produzione di verdure quali pomodori, patate, melanzane, peperoni e piselli. Inoltre la regione produce grandi quantità di frutta: fichi, albicocche, susine, ciliegie e agrumi (arance e limoni).

In Campania è molto importante la produzione di prodotti artigianali. Ricami, intarsi, camei e porcellane sono alcuni dei prodotti fatti a mano in questa regione.

Per coloro che si sono chiesti perché in italiano le campane si chiamano così, questo è il motivo: la prima campana da campanile fu fatta in Campania intorno al 400 d.C. Anche il primo campanile del mondo fu costruito in Campania, nella città di Nola.

# PUGLIA

## Origin of the name:

During antiquity, some of the people who lived in this area were called the *Apuli*, so this region took the name of Apulia. The name later changed to become, in Italian, Puglia.

## Other interesting facts:

In the southern part of the region there is a dry and rolling upland plateau, called the *Murge*, made of limestone easily eroded by water. In the *Murge* are the famous Castellana Caverns, one of the most fascinating groups of caves in Italy.

# PUGLIA

## Le origini del nome:

Nell'antichità in queste terre viveva la popolazione degli *Apuli*, e da questi la zona prese il nome di Apulia. Successivamente il nome venne cambiato in Puglia.

## Altre informazioni e curiosità:

Nella parte sud della regione, sorge un altopiano ondulato, le *Murge*, privo d'acqua e formato da rocce calcaree che vengono facilmente erose dall'acqua. Nelle Murgie si trovano le famose Grotte di Castellana, un insieme di cavità sotterranee tra le più affascinanti d'Italia.

# BASILICATA

## Origin of the name:

Before it was conquered by the ancient Romans, this region was called *Lucania*. It took the name *Basilicata* when the Emperor Augustus united it with the region Calabria. The name comes from the Greek word *Basilikos* which means "governor" or "prince."
Between 1932 and 1947 the region was once again called *Lucania*.
Today, the region is called Basilicata; however, its inhabitants are still called *Lucanians*.

## Other interesting facts:

Basilicata is one of the least populated regions in Italy. Many residents have migrated elsewhere because the land is mountainous and not very suitable for human settlements. And that is why it is often said that there are more Lucanians elsewhere in the world than in their home country.

# BASILICATA

## Le origini del nome:

Prima di essere conquistata dai Romani, questa regione si chiamava *Lucania*. In seguito, l'imperatore Augusto la unì con l'attuale Calabria, e la regione prese il nome di *Basilicata*, che deriva dal greco *basilikos* che significa governatore o principe.
Nel periodo che va dal 1932 al 1947 la regione tornò ad essere chiamata *Lucania*. Oggi il nome è ritornato Basilicata, ma gli abitanti si chiamano ancora *Lucani*.

## Altre informazioni e curiosità:

La Basilicata è una delle regioni meno popolate d'Italia. Una buona parte della popolazione è emigrata perché il territorio montuoso della regione non facilita l'insediamento dell'uomo. Per questo motivo si dice che ci sono più Lucani nel mondo che nella propria patria.

# CALABRIA

## Origin of the name:

During antiquity, Calabria's territory was inhabited by the *Bruzi*. It then was occupied by the Greeks, who called it *Betia*, followed by the Romans, who named it *Bruttium*.
Contrary to what you might expect, the Calabrese population actually lived in Apulia, which was then called Calabria.
Throughout the years the name shifted to indicate what is today the region of Calabria.

## Other interesting facts:

One of the symbols of the city of Reggio Calabria is a fruit called *bergamot orange*. It is a fragrant fruit the size of an orange, shaped like a pear, and with a yellow color similar to a lemon. Its juice is bitter; therefore this fruit is grown just to extract its fragrant essence that is mostly used in food preparation and perfume creation.

# CALABRIA

## Le origini del nome:

Il territorio della Calabria anticamente era abitato dai *Bruzi*.
Successivamente fu occupato dai Greci che lo chiamarono *Betia*. In
seguito i Romani lo chiamarono in *Bruttium*.
Il popolo Calabro, invece, viveva in Puglia, che allora si chiamava
Calabria.
Col passare dei secoli il nome venne utilizzato per indicare l'attuale
regione Calabria.

## Altre informazioni e curiosità:

Uno dei simboli della città di Reggio Calabria è un frutto chiamato
*bergamotto*. Questo frutto profumato è grande come un'arancia, ha la forma
di una pera ed è giallo come un limone. Il succo è aspro e per questo
motivo questo frutto è coltivato per estrarne l'essenza profumata, che
viene usata nella preparazione di alimenti e nella produzione di profumi.

# SICILY

## Origin of the name:

Sicily's antique inhabitants, the *Sicani*, called this region *Sicania*. When it was colonized by the Greeks it was called *Trinacria* because of its triangular shape. The name Sicilia was taken from the *Siculi* people who lived on the island.

## Other interesting facts:

Many small islands are part of the region of Sicily. Two of those islands are active volcanoes: Stromboli and Vulcano islands. Stromboli has been active for the past 2,000 years with minor eruptions, often visible from many points on the island and from the surrounding sea. Vulcano had its last volcanic eruption over 100 years ago and now its activity is mostly visible in its hot springs and sulfur mud baths. The word "volcano" originates from the name of this island.

Sicily is a region rich in traditions. One of these traditions is the Carnival of Acireale. This Sicilian celebration attracts visitors from around the world. It includes parades of allegorical floats and really spectacular flower floats. Live concerts, colorful masquerades, folkloric performances, and competitions are also part of the celebration.

# SICILIA

## Le origini del nome:

Gli antichi abitanti, i *Sicani*, chiamarono questa regione *Sicania*. Quando fu colonizzata dai Greci fu denominata *Trinachia*, per la forma triangolare che le apparteneva. Il nome Sicilia lo prese dal popolo dei *Siculi*.

## Altre informazioni e curiosità:

La regione Sicilia comprende molte isole. Due di queste sono dei vulcani ancora attivi: l'isola di Stromboli e l'isola di Vulcano. Stromboli ha un vulcano che negli ultimi 2000 anni è rimasto attivo con piccole eruzioni spesso visibili da varie zone dell'isola e dal mare circostante. Vulcano ha avuto la sua ultima eruzione più di 100 anni fa ed ora la sua attività vulcanica è limitata a sorgenti calde e pozze di zolfo. La parola "vulcano" deriva proprio dal nome di quest'isola.

La Sicilia è una regione ricca di tradizioni. Una di queste è il Carnevale di Acireale. Questo carnevale siciliano attrae turisti da tutto il mondo e comprende parate di carri allegorici e di carri infiorati davvero spettacolari. Fanno inoltre parte dei festeggiamenti concerti dal vivo, gruppi mascherati, rappresentazioni folkloristiche e concorsi vari.

# SARDINIA

## Origin of the name:

In the past the region was colonized by the Greeks who called it *Ienusa* because of its human foot shape. Today's name originates from the ancient people who lived in Sardinia, the *Sardi*.

## Other interesting facts:

Many years ago diseases like malaria (marsh fever) and enemies' attacks from the sea pushed the population inland, seeking shelter on the hills and on the mountains, thus adopting animal farming, as opposed to fishing, as a source of sustenance. That is why *Sardinians* don't have a sailing culture.

Raising sheep is, however, a very old practice, as is the production of cheese, meat, and wool.

# SARDEGNA

## Le origini del nome:

La regione fu colonizzata dai Greci che la chiamarono *Ienusa*, perché la sua forma ricordava un piede umano. Il nome attuale deriva dall'antico popolo che abitava la Sardegna: i *Sardi*.

## Altre informazioni e curiosità:

Nel passato, le malattie come la malaria e gli attacchi nemici dal mare, hanno spinto i Sardi a lasciare le coste e a inoltrarsi nelle zone collinari e montuose più riparate, preferendo il pascolo alla pesca come forma di sostentamento. Ecco perché i *sardi* non hanno una tradizione marinara.

L'allevamento degli ovini ha invece tradizioni molto antiche, come pure la produzione di formaggi, carne e lana.

# PART THREE

## -

# MODULO TRE

### Activities, games, and tests
*Esercizi, indovinelli e questionari*

# 3

Answer keys are located at the end of the book
*Le soluzioni si trovano alla fine del libro*

# ITALY
# -
# ITALIA

**Activities to be completed after reading
the first book section about Italy**

**Esercizi da svolgere dopo aver letto
la parte iniziale del libro dedicata all'Italia**

**ARGOMENTO:** Italia                         NOME _____

# Un, Una o Uno?

| | | | |
|---|---|---|---|
| _____ pianura | | _____ collina |
| _____ montagna | | _____ mare |
| _____ spiaggia | | _____ fiume |
| _____ lago | | _____ penisola |
| _____ vulcano | | _____ città |
| _____ stato | | _____ stivale |

# Il, Lo o La?

| | | | |
|---|---|---|---|
| _____ pianura | | _____ collina |
| _____ montagna | | _____ mare |
| _____ spiaggia | | _____ fiume |
| _____ lago | | _____ penisola |
| _____ vulcano | | _____ città |
| _____ stato | | _____ stivale |

**SUBJECT: Italy**                        NAME _____

# Words

*Draw a line to match the words with the images*

Flag

Boot

Volcano

*Match the words in the first column with the words in the other column*

| | |
|---|---|
| Capital | Italian |
| Number of regions | 60 million |
| Population | Euro |
| Language | 20 |
| Currency | Rome |

**ARGOMENTO: Italia**                          NOME _____

# Parole

*traccia una riga per collegare le parole con le immagini*

Bandiera

Stivale

Vulcano

*Abbina le parole di una colonna con quelle dell'altra colonna*

| | |
|---|---|
| Capitale | Italiano |
| Numero di regioni | 60 milioni |
| Popolazione | Euro |
| Lingua | 20 |
| Moneta | Roma |

**SUBJECT:** Italy                          NAME _____

# Italian Flag

*Color the flag or write the name of each color in the right space*

**ARGOMENTO: Italia**                    NOME _____

# Bandiera Italiana

*Colora la bandiera oppure scrivi il nome dei colori negli spazi*

**SUBJECT:** Italy/Regions     NAME _____

# Italian Regions

*Write the name of each region (or its number) on the map*

1 Abruzzo

2 Basilicata

3 Calabria

4 Campania

5 Emilia-Romagna

6 Friuli-Venezia Giulia

7 Lazio

8 Liguria

9 Lombardy

10 Marche

11 Molise

12 Piedmont

13 Apulia

14 Sardinia

15 Sicily

16 Tuscany

17 Trentino

18 Umbria

19 Valle d'Aosta

20 Veneto

**ARGOMENTO:** Italia/Regioni              NOME _____

# Regioni Italiane

*Scrivi il nome di ciascuna regione (o il suo numero) sulla cartina*

1 Abruzzo

2 Basilicata

3 Calabria

4 Campania

5 Emilia-Romagna

6 Friuli-Venezia Giulia

7 Lazio

8 Liguria

9 Lombardia

10 Marche

11 Molise

12 Piemonte

13 Puglia

14 Sardegna

15 Sicilia

16 Toscana

17 Trentino

18 Umbria

19 Valle d'Aosta

20 Veneto

**SUBJECT: Italy/Regions**                         NAME _____

# Italian Regions

*Write the name of each region on the map*

**ARGOMENTO:** Italia/Regioni            NOME _____

# Regioni Italiane

*Scrivi il nome di ciascuna regione sulla cartina*

**SUBJECT: Italy/Regions**                    NAME _____

# Connect the cities with the region they belong to:

| | |
|---|---|
| Abruzzo | Rome |
| Basilicata | Milan |
| Calabria | Trieste |
| Campania | Campobasso |
| Emilia-Romagna | Bari |
| Friuli-Venezia Giulia | L'Aquila |
| Lazio | Ancona |
| Liguria | Palermo |
| Lombardy | Trento |
| Marche | Aosta |
| Molise | Potenza |
| Piedmont | Venice |
| Apulia | Perugia |
| Sardinia | Catanzaro |
| Sicily | Florence |
| Tuscany | Cagliari |
| Trentino-Alto Adige | Naples |
| Umbria | Turin |
| Valle d'Aosta | Genoa |
| Veneto | Bologna |

**ARGOMENTO:** Italia/Regioni          NOME _____

# Collega le città con le regioni a cui appartengono

| | |
|---|---|
| Abruzzo | Roma |
| Basilicata | Milano |
| Calabria | Trieste |
| Campania | Campobasso |
| Emilia-Romagna | Bari |
| Friuli-Venezia Giulia | L'Aquila |
| Lazio | Ancona |
| Liguria | Palermo |
| Lombardia | Trento |
| Marche | Aosta |
| Molise | Potenza |
| Piemonte | Venezia |
| Puglia | Perugia |
| Sardegna | Catanzaro |
| Sicilia | Firenze |
| Toscana | Cagliari |
| Trentino-Alto Adige | Napoli |
| Umbria | Torino |
| Valle d'Aosta | Genova |
| Veneto | Bologna |

# REGIONS
# -
# REGIONI

Activities to be completed after reading
the first book section about the 20 regions

Esercizi da svolgere dopo aver letto
la parte iniziale del libro dedicata alle 20 regioni

**SUBJECT: Regions - Valle d'Aosta**          NAME _____

# Do you remember..?

*Answer the following questions*

1. What is the name of the region's highest mountain?

   ----------------------------------------------------------------

2. What is the name of the region's capital?

   ----------------------------------------------------------------

3. Name three things you can find in this region:

   ----------------------------------------------------------------

   ----------------------------------------------------------------

   ----------------------------------------------------------------

**ARGOMENTO: Regioni - Valle d'Aosta**   NOME _____

# Ti ricordi..?

*Rispondi alle seguenti domande*

1. Come si chiama la montagna più alta della regione?

   ------------------------------------------------------------

2. Come si chiama il capoluogo di questa regione?

   ------------------------------------------------------------

3. Scrivi il nome di tre cose che si trovano in questa regione:

   ------------------------------------------------------------

   ------------------------------------------------------------

   ------------------------------------------------------------

**SUBJECT: Regions - Piedmont**            NAME _____

# Can you tell me..?

## *Answer the following questions*

1. In which part of Italy is this region located?

   ------------------------------------------------------------------

2. What is the name of the region's capital?

   ------------------------------------------------------------------

3. Name three things you can find in this region:

   ------------------------------------------------------------------

   ------------------------------------------------------------------

   ------------------------------------------------------------------

4. Can you name a river that flows through the region?

   ------------------------------------------------------------------

**ARGOMENTO:** Regioni - Piemonte          NOME _____

# Mi sai dire...?

*Rispondi alle seguenti domande*

1. In che parte d'Italia si trova questa regione?

   ------------------------------------------------------------

2. Come si chiama il capoluogo di questa regione?

   ------------------------------------------------------------

3. Scrivi il nome di tre cose che si trovano in questa regione:

   ------------------------------------------------------------

   ------------------------------------------------------------

   ------------------------------------------------------------

4. Conosci il nome di un fiume che attraversa la regione?

   ------------------------------------------------------------

**SUBJECT: Regions - Lombardy**          NAME _____

# Sort the words:

*Lake of Como, Leonardo, Milan, Duomo,
panettone, archbishop, water, designers, Scala Theatre.*

| PEOPLE | PLACES TO VISIT | THINGS |
|--------|-----------------|--------|
|        |                 |        |
|        |                 |        |
|        |                 |        |
|        |                 |        |

**ARGOMENTO:** Regioni - Lombardia      NOME _____

# Smista le parole:

*Lago di Como, Leonardo, Milano, Duomo,*
*panettone, arcivescovo, acqua, stilisti, Teatro alla Scala.*

| PERSONE | LUOGHI DA VISITARE | COSE |
|---|---|---|
|  |  |  |
|  |  |  |
|  |  |  |
|  |  |  |

**SUBJECT: Regions - Trentino Alto Adige**   NAME _____

# Do you remember..?

*Answer the following questions*

1. What is the name of the Trentino Alto Adige's mountains?

   ------------------------------------------------------------------------

2. Is this region by the sea?

   ------------------------------------------------------------------------

3. Name three things you can find in this region:

   ------------------------------------------------------------------------

   ------------------------------------------------------------------------

   ------------------------------------------------------------------------

**ARGOMENTO:** Regioni - Trentino Alto Adige  NOME _____

# Ti ricordi..?

*Rispondi alle seguenti domande*

1. Come si chiamano le montagne del Trentino Alto Adige?

   ------------------------------------------------------------

2. Questa regione è bagnata dal mare?

   ------------------------------------------------------------

3. Scrivi il nome di tre cose che si trovano in questa regione:

   ------------------------------------------------------------

   ------------------------------------------------------------

   ------------------------------------------------------------

**SUBJECT: Regions - Veneto**                    NAME _____

# Can you tell me..?

*Answer the following questions*

1. In which part of Italy is this region located?

   ------------------------------------------------------------------

2. What is the name of the region's capital?

   ------------------------------------------------------------------

3. Name some of the tourist attractions of this region:

   ------------------------------------------------------------------

   ------------------------------------------------------------------

   ------------------------------------------------------------------

   ------------------------------------------------------------------

**ARGOMENTO:** Regioni - Veneto          NOME _____

# Mi sai dire...?

*Rispondi alle seguenti domande*

1.  In che parte d'Italia si trova questa regione?

    ----------------------------------------------------------------

2.  Come si chiama il capoluogo di questa regione?

    ----------------------------------------------------------------

3.  Scrivi il nome di alcune attrazioni turistiche della regione:

    ----------------------------------------------------------------

    ----------------------------------------------------------------

    ----------------------------------------------------------------

    ----------------------------------------------------------------

**SUBJECT: Regions - Friuli Venezia Giulia**          NAME _____

# Complete the sentences with the words in the box:

| | | |
|---|---|---|
| UNDERGROUND | BORA | REGIONS |
| CAVES | TRIESTE | CAVERNS |

1.   Friuli Venezia Giulia is one of Italy's _____.

2.   The capital of the region is the city of _____ .

3.   In this region there are many large _____ .

4.   Timavo is a river that flows _____ .

5.   _____ is a very cold and strong wind.

6.   Caves and _____ are underground cavities.

**ARGOMENTO: Regioni - Friuli Venezia Giulia**    NOME _____

# Completa le frasi con le parole contenute nel riquadro:

| | | |
|---|---|---|
| SOTTERRANEO | BORA | REGIONE |
| CAVERNE | TRIESTE | GROTTE |

1.  Il Friuli Venezia Giulia è una _____ d'Italia.

2.  Il capoluogo della regione è la città di _____ .

3.  In questa regione si trovano delle grandi _____ .

4.  Il Timavo è un fiume _____ .

5.  La _____ è un vento molto freddo e molto forte.

6.  Le grotte e le _____ sono cavità sotterranee.

**SUBJECT: Regions - Liguria**          NAME _____

# Sort the words:

*Flowers, Christopher Columbus, Sanremo, basil, Niccolò Paganini, pesto, Giuseppe Mazzini, Genoa, Edmondo De Amicis, America, Liguria, book, mortar, pasta,*

| PEOPLE | PLACES | THINGS |
|--------|--------|--------|
|        |        |        |

**ARGOMENTO:** Regioni - Liguria          NOME _____

# Smista le parole:

*Fiori, Cristoforo Colombo, Sanremo, basilico, Niccolò Paganini, pesto, Giuseppe Mazzini, Genova, Edmondo De Amicis, America, Liguria, libro, mortaio, pasta,*

| PERSONE | LUOGHI | COSE |
|---------|--------|------|
|         |        |      |
|         |        |      |
|         |        |      |
|         |        |      |
|         |        |      |
|         |        |      |

**SUBJECT: Regions - Emilia Romagna**      NAME _____

# Can you tell me..?

1.  Use three words to describe this region:

    ------------------------------------------------------------------

    ------------------------------------------------------------------

    ------------------------------------------------------------------

2.  What is the name of the region's capital?

    ------------------------------------------------------------------

3.  What is the name of the little independent state located in this region?

    ------------------------------------------------------------------

4.  Can you name a river that flows through the region?

    ------------------------------------------------------------------

5.  Write the name of a pasta shape:

    ------------------------------------------------------------------

**ARGOMENTO: Regioni - Emilia Romagna**      NOME _____

# Mi sai dire...?

1.  Scrivi tre parole che descrivono questa regione:

    ------------------------------------------------------------

    ------------------------------------------------------------

    ------------------------------------------------------------

2.  Come si chiama il capoluogo di questa regione?

    ------------------------------------------------------------

3.  Come si chiama lo stato indipendente che si trova in questa regione?

    ------------------------------------------------------------

4.  Conosci il nome di un fiume che attraversa la regione?

    ------------------------------------------------------------

5.  Scrivi il nome di un tipo di pasta:

    ------------------------------------------------------------

**SUBJECT: Regions - Tuscany**            NAME _____

# Complete the sentences with the words in the box:

---

MICHELANGELO          TUSCANY          DANTE

HILLS                    ART              CAPITAL

---

1.    Florence is Tuscany's _____ .

2.    Tuscany is a region with mountains, _____ and

plains.

3.    Florence is a city rich in _____ .

4.    In the city of Florence is the statue of David, by

_____ ..

5.    Leonardo da Vinci is one of the many famous people born in

_____ .

6.    The Divine Comedy was written by the Tuscan poet

_____ .

---

**ARGOMENTO:** Regioni - Toscana          NOME _____

# Completa le frasi con le parole contenute nel riquadro:

| | | |
|---|---|---|
| MICHELANGELO | TOSCANA | DANTE |
| COLLINE | ARTE | CAPOLUOGO |

1. Firenze è il _____ della Toscana.

2. La Toscana è una regione con montagne, _____ e

   pianure.

3. Firenze è una città ricca d' _____ .

4. Nella città di Firenze si trova la statua del David scolpita da

   _____ .

5. Leonardo da Vinci è uno dei tanti personaggi famosi nati in

   _____ .

6. La Divina Commedia è stata scritta dal poeta toscano

   _____ .

**SUBJECT: Regions - Marche**                    NAME _____

# Can you tell me..?

1.  In which part of Italy is this region located?

    ----------------------------------------------------------------------

2.  What is the name of the region's capital?

    ----------------------------------------------------------------------

# Sort the words:

*Raphael, grapevines Fabriano, accordions, Ascoli Piceno, Rossini.*

| PEOPLE | PLACES | THINGS |
|--------|--------|--------|
|        |        |        |
|        |        |        |
|        |        |        |

**ARGOMENTO: Regioni - Marche**          NOME _____

# Mi sai dire...?

1. In che parte d'Italia si trova questa regione?

   ------------------------------------------------------------------------

2. Come si chiama il capoluogo di questa regione?

   ------------------------------------------------------------------------

# Smista le parole:

*Raffaello, viti, Fabriano, fisarmoniche, Ascoli Piceno, Rossini.*

| PERSONE | LUOGHI | COSE |
|---------|--------|------|
|         |        |      |
|         |        |      |
|         |        |      |

**SUBJECT: Regions - Umbria**          NAME _____

# Can you tell me..?

*Answer the following questions*

1. In which part of Italy is this region located?

   _____

2. What is the name of the region's capital?

   _____

3. Name three things you can find in this region:

   _____

   _____

   _____

**ARGOMENTO: Regioni - Umbria**        NOME _____

# Mi sai dire...?

*Rispondi alle seguenti domande*

1. In che parte d'Italia si trova questa regione?

   _____

2. Come si chiama il capoluogo di questa regione?

   _____

3. Scrivi il nome di tre cose che si trovano in questa regione:

   _____

   _____

   _____

**SUBJECT: Regions - Lazio**                NAME _____

# Do you remember..?

*Answer the following questions*

1. What is the name of the capital of this region?

   ----------------------------------------------------------------------

2. Name three things you can find in this region:

   ----------------------------------------------------------------------

   ----------------------------------------------------------------------

   ----------------------------------------------------------------------

3. Do you remember which animal is in the legend about the birth of the city of Rome?

   ----------------------------------------------------------------------

4. What is the name of the small state located within the city of Rome?

   ----------------------------------------------------------------------

**ARGOMENTO:** Regioni - Lazio          NOME _____

# Ti ricordi..?

*Rispondi alle seguenti domande*

1. Come si chiama il capoluogo di questa regione?

   ------------------------------------------------------------------

2. Scrivi il nome di tre cose che si trovano in questa regione:

   ------------------------------------------------------------------

   ------------------------------------------------------------------

   ------------------------------------------------------------------

3. Ricordi che animale c'è nella leggenda della fondazione della città di Roma?

   ------------------------------------------------------------------

4. Qual'è il nome del piccolo stato che si trova nella città di Roma?

   ------------------------------------------------------------------

**SUBJECT: Regions - Abruzzo**          NAME _____

# Can you tell me..?

1. In which part of Italy is this region located?

   --------------------------------------------------------------------

2. What is the name of the region's capital?

   --------------------------------------------------------------------

3. What is the name of the region's highest mountain?

   --------------------------------------------------------------------

4. Name three things you can find in this region:

   --------------------------------------------------------------------

   --------------------------------------------------------------------

   --------------------------------------------------------------------

5. What is the name of a popular cookie of Abruzzo?

   --------------------------------------------------------------------

**ARGOMENTO: Regioni - Abruzzo**       NOME _____

# Mi sai dire...?

1. In che parte d'Italia si trova questa regione?

   _____

2. Come si chiama il capoluogo di questa regione?

   _____

3. Come si chiama la montagna più alta della regione?

   _____

4. Elenca tre cose che si trovano in questa regione:

   _____

   _____

   _____

5. Qual'è il nome di un famoso biscotto abruzzese?

   _____

**SUBJECT: Regions - Molise**          NAME _____

# Complete the sentences with the words in the box:

```
BELLS          STONE WALLS          REGIONS

TRANSHUMANCE    CAMPOBASSO          BAGPIPES
```

1. Molise is one of Italy's smallest _____.

2. The capital of the region is the city of _____ .

3. In this region there are many _____ made of

   rocks.

4. _____ is an old tradition.

5. _____ are musical instruments.

6. In this region they make many _____ .

**ARGOMENTO:** Regioni - Molise          NOME _____

# Completa le frasi con le parole contenute nel riquadro:

CAMPANE          MURETTI          REGIONI

TRANSUMANZA    CAMPOBASSO    ZAMPOGNE

1.   Il Molise è una delle _____ più piccole d'Italia.

2.   Il capoluogo della regione è la città di _____ .

3.   Nel territorio di questa regione si trovano tanti

     _____ fatti di pietra.

4.   La _____ è un'antica tradizione .

5.   Le _____ sono strumenti musicali.

6.   In questa regione vengono prodotte molte _____ .

**SUBJECT: Regions - Campania**         NAME _____

# Can you tell me..?

1. In which part of Italy is this region located?

   ------------------------------------------------------------------

2. What is the name of the region's capital?

   ------------------------------------------------------------------

3. What is the name of the region's famous volcano?

   ------------------------------------------------------------------

4. Name three things you can find in this region:

   ------------------------------------------------------------------

   ------------------------------------------------------------------

   ------------------------------------------------------------------

5. What is the name of a popular character, symbol of the city of Naples?

   ------------------------------------------------------------------

**ARGOMENTO: Regioni - Campania**        NOME _____

# Mi sai dire...?

1.  In che parte d'Italia si trova questa regione?

    _____

2.  Come si chiama il capoluogo di questa regione?

    _____

3.  Come si chiama il famoso vulcano che si trova in questa regione?

    _____

4.  Elenca tre cose che si trovano in questa regione:

    _____

    _____

    _____

5.  Come si chiama un personaggio conosciuto come simbolo della città
    di Napoli?

    _____

**SUBJECT: Regions - Apulia**                    NAME _____

# Complete the sentences with the words in the box:

| | | |
|---|---|---|
| REGION | TRULLI | WATER |
| TARANTO | BARI | SALT WORKS |

1.   Apulia's capital is the city of _____ .

2.   Apulia is a region with little  _____ .

3.   Farming is very important in this _____  .

4.   In Apulia there are some unusual houses called

     _____.

5.   The folk dance called "tarantella" comes from the city of

     _____ .

6.   Some _____ can be found in this region.

**ARGOMENTO:** Regioni - Puglia          NOME _____

# Completa le frasi con le parole contenute nel riquadro:

| | | |
|---|---|---|
| REGIONE | TRULLI | ACQUA |
| TARANTO | BARI | SALINE |

1.   La città di _____ è il capoluogo della

Puglia.

2.   La Puglia è una regione con poca, _____ .

3.   In questa _____ l'agricoltura è molto importante.

4.   In Puglia ci sono delle abitazioni particolari  chiamate

_____ .

5.   Il ballo popolare chiamato "tarantella" viene dalla città di

_____ .

6. In questa regione si trovano le _____ .

**SUBJECT: Regions - Basilicata**          NAME _____

# Can you tell me..?

*Answer the following questions*

1. In which part of Italy is this region located?

   ----------------------------------------------------------------

2. What is the name of the region's capital?

   ----------------------------------------------------------------

3. Name three things you can find in this region:

   ----------------------------------------------------------------

   ----------------------------------------------------------------

   ----------------------------------------------------------------

4. What is the name of the people from Basilicata?

   ----------------------------------------------------------------

**ARGOMENTO: Regioni - Basilicata**        NOME _____

# Mi sai dire...?

*Rispondi alle seguenti domande*

1. In che parte d'Italia si trova questa regione?

   ----------------------------------------------------------------

2. Come si chiama il capoluogo di questa regione?

   ----------------------------------------------------------------

3. Scrivi il nome di tre cose che si trovano in questa regione:

   ----------------------------------------------------------------

   ----------------------------------------------------------------

   ----------------------------------------------------------------

4. Come si chiamano gli abitanti della Basilicata?

   ----------------------------------------------------------------

**SUBJECT: Regions - Calabria**          NAME _____

# Can you tell me..?

1. In which part of Italy is this region located?

   ----------------------------------------------------------------------

2. What is the name of the region's capital?

   ----------------------------------------------------------------------

3. What is the legend of Scylla and Charybdis about?

   ----------------------------------------------------------------------

# Sort the words:

*Statues, Homer, Messina Strait, parks, columns, Itali.*

| PEOPLE | PLACES | THINGS |
|--------|--------|--------|
|        |        |        |
|        |        |        |
|        |        |        |

**ARGOMENTO:** Regioni - Calabria          NOME _____

# Mi sai dire...?

1. In che parte d'Italia si trova questa regione?

   _____

2. Come si chiama il capoluogo di questa regione?

   _____

3. Di cosa parla la leggenda di Scilla e Cariddi?

   _____

# Smista le parole:

*Statue, Omero, Stretto di Messina, parchi, colonne, Itali.*

| PERSONE | LUOGHI | COSE |
|---------|--------|------|
|         |        |      |
|         |        |      |
|         |        |      |

**SUBJECT: Regions - Sicily**                    NAME _____

# Can you tell me..?

1. In which part of Italy is this region located?

   ------------------------------------------------------------

2. What is the name of the region's capital?

   ------------------------------------------------------------

3. What is the name of a large volcano located in Sicily?

   ------------------------------------------------------------

# Sort the words:

*Archimedes, cannoli, Syracuse, pupi, Sicilians,
temples, Stromboli, Agrigento,*

| PEOPLE | PLACES | THINGS |
|--------|--------|--------|
|        |        |        |
|        |        |        |
|        |        |        |

**ARGOMENTO: Regioni - Sicilia**          NOME _____

# Mi sai dire...?

1. In che parte d'Italia si trova questa regione?

   ----------------------------------------------------------------

2. Come si chiama il capoluogo di questa regione?

   ----------------------------------------------------------------

3. Come si chiama il grande vulcano che si trova in Sicilia?

   ----------------------------------------------------------------

# Smista le parole:

*Archimede, cannoli, Siracusa, pupi, Siciliani,*
*templi, Stromboli, Agrigento,*

| PERSONE | LUOGHI | COSE |
|---------|--------|------|
|         |        |      |
|         |        |      |
|         |        |      |
|         |        |      |

**SUBJECT: Regions - Sardinia**                NAME _____

# Complete the sentences with the words in the box:

| | | |
|---|---|---|
| NURAGHI | FLAMINGOS | ISLAND |
| CAGLIARI | CORK | BREAD |

1.  The city of _____ is Sardinia's capital.

2.  The region of Sardinia is an _____ .

3.  In the swamps of the southern part of the region people can

    watch pink _____ .

4.  In Sardinia there are some stone buildings called

    _____.

5.  "Carta musica" is the name of a very dry _____ .

6.  Many _____ oaks grow in this region.

**ARGOMENTO:** Regioni - Sardegna          NOME _____

## Completa le frasi con le parole contenute nel riquadro:

| | | |
|---|---|---|
| NURAGHI | FENICOTTERI | ISOLA |
| CAGLIARI | SUGHERO | PANE |

1.  La città di _____ è il capoluogo della Sardegna.

2.  La regione Sardegna è un'_____ .

3.  Negli stagni nel sud della regione si possono osservare i

    _____ rosa.

4.  In Puglia ci sono delle costruzioni di pietra chiamate

    _____ .

5.  La "carta musica" è un _____ molto secco.

6.  In questa regione si trovano le querce da _____ .

**SUBJECT: Italy/Regions**            NAME _____

# Questions about Italy

Which Italian region would you like to visit and why'?

-------------------------------------------------------------------------------

-------------------------------------------------------------------------------

-------------------------------------------------------------------------------

Write the name of four Italian cities:

-------------------------------------------------------------------------------

What colors are in the Italian flag?

-------------------------------------------------------------------------------

**ARGOMENTO: Italia/Regioni**             NOME _____

# Domande sull'Italia

Quale regione italiana ti piacerebbe visitare e perchè ?

------------------------------------------------------------------------

------------------------------------------------------------------------

------------------------------------------------------------------------

Scrivi i nomi di quattro città italiane:

------------------------------------------------------------------------

Quali sono i colori della bandiera italiana?

------------------------------------------------------------------------

**SUBJECT: Regions**                         NAME _____

# Guess!

*Complete the table below using the following list of words:*

| Lazio | Campania | Veneto | Florence |
|-------|----------|--------|----------|
| Cannoli | Rome | Art galleries | Colosseum |
| Naples | Sicily | Venice | Palermo |
| Carnival | Pulcinella | Tuscany | |

| City | Region | Well known for... |
|------|--------|-------------------|
|  |  |  |
|  |  |  |
|  |  |  |
|  |  |  |
|  |  |  |

**ARGOMENTO: Italia/Regioni**         NOME _____

# Indovina!

*Completa la tabella sotto usando le parole elencate nel riquadro:*

| | | | |
|---|---|---|---|
| Lazio | Campania | Veneto | Firenze |
| Cannoli | Roma | Gallerie d'arte | Colosseo |
| Napoli | Sicilia | Venezia | Palermo |
| Carnevale | Pulcinella | Toscana | |

| Città | Regione | Famosa per... |
|---|---|---|
| | | |
| | | |
| | | |
| | | |
| | | |

**SUBJECT: Italy/Regions**                    NAME _____

# Connect the words

| | |
|---|---|
| Mountain | Venice |
| Sea | Tuscany |
| River | Maggiore |
| Plain | Mont Blanc |
| Lake | Sicily |
| Volcano | Marmore |
| Island | Vesuvius |
| Waterfall | Mediterranean |
| Region | Padana |
| City | Tiber |

**ARGOMENTO: Italia/Regioni**          NOME _____

# Collega le parole

| | |
|---|---|
| Montagna | Venezia |
| Mare | Toscana |
| Fiume | Maggiore |
| Pianura | Monte Bianco |
| Lago | Sicilia |
| Vulcano | Marmore |
| Isola | Vesuvio |
| Cascate | Mediterraneo |
| Regione | Padana |
| Città | Tevere |

**SUBJECT: Italy/Regions**                        NAME _____

# Select the right article:

1.    Rome is **THE / A** capital of Italy.

2.    Venice is famous all over the world because it is **THE / A** city with many canals.

3.    Florence is **THE / A** city rich in art.

4.    Within the city of Rome there is **THE / A** small city, called Vatican City.

5.    Mont Blanc is **THE / A** highest mountain found in Italy.

6.    Sicily is **THE / A** big island.

7.    Italy is **THE / A** peninsula.

8.    Vesuvius is **THE / A** volcano.

9.    **THE / A** Po river is Italy's longest river.

10.    Italy has **THE / A** Mediterranean climate.

**ARGOMENTO:** Italia/Regioni            NOME _____

# Scegliere l'articolo giusto:

1. Roma è **LA / UNA** capitale d'Italia.

2. Venezia è famosa in tutto il mondo perché è **LA / UNA** città con tanti canali.

3. Firenze è **LA / UNA** città ricca d'arte.

4. Nella città di Roma c'è **L' / UN'** altra piccola città, la Città del Vaticano.

5. Il Monte Bianco è **LA / UNA** montagna più alta d'Italia.

6. La Sicilia è **LA / UNA** grande isola.

7. L'Italia è **LA / UNA** penisola.

8. Il Vesuvio è **IL / UN** vulcano.

9. **IL / UN** Po è il fiume più lungo d'Italia.

10. L'Italia ha **IL / UN** clima mediterraneo.

**SUBJECT: Italy/Regions**          NAME _____

# Complete the sentences with the words in the box:

| | | | |
|---|---|---|---|
| HIGHEST | PO | VATICAN | VOLCANO |
| CANALS | PENINSULA | ISLAND | ART |
| | CAPITAL | MEDITERRANEAN | |

1. Rome is Italy's _____ .

2. Venice is famous all over the world because it is a city with many

   _____ .

3. Florence is a city rich in _____ .

4. In the city of Rome there is another small city, the

   _____City.

5. Mont Blanc is Italy's _____ mountain.

6. Sicily is a large _____ .

7. Italy is a _____ .

8. Vesuvius is a _____ .

9. _____ is Italy's longest river.

10.   Italy's climate is _____ .

**ARGOMENTO: Italia/Regioni**          NOME _____

# Completa le frasi con le parole contenute nel riquadro:

| | | | |
|---|---|---|---|
| ALTA | PO | VATICANO | VULCANO |
| CANALI | PENISOLA | ISOLA | ARTE |
| | CAPITALE | MEDITERRANEO | |

1. Roma è la _____ d'Italia.

2. Venezia è famosa in tutto il mondo perché è una città con tanti

   _____ .

3. Firenze è una città ricca d' _____ .

4. Nella città di Roma c'è una piccola città, la Città del

   _____.

5. Il Monte Bianco è la montagna più _____ d'Italia.

6. La Sicilia è una grande _____ .

7. L'Italia è una _____ .

8. Il Vesuvio è un _____ .

9. Il _____ è il fiume più lungo d'Italia.

10.   Il clima dell'Italia è _____ .

**11. SUBJECT: Italy/Regions**          NAME _____

# Questions about Italy and its regions

1. What continent is Italy in?

2. What is the capital of Italy?

3. In what part of Italy is the capital city located?

4. Name a tiny country that is located entirely inside Italy.

5. Name a volcano located in Italy.

6. What are people from Italy called?

7. What is the official language of Italy?

8. What is the name of the longest Italian river?

9. What is the name of the highest Italian mountain?

10.    What are the names of some important people born in Italy?

11.    Name Italy's largest region.

12.    List interesting facts about one region.

**ARGOMENTO: Italia/Regioni**      NOME _____

# Domande sull'Italia e le sue regioni

1. In quale continente si trova l'Italia?

2. Qual è la capitale dell'Italia?

3. In quale parte d'Italia si trova la capitale?

4. Qual'è il nome di uno stato che si trova all'interno del territorio

   italiano?

5. Sai il nome di un vulcano italiano?

6. Come si chiamano gli abitanti dell'Italia?

7. Qual'è la lingua ufficiale italiana?

8. Come si chiama il fiume più lungo d'Italia?

9. Come si chiama la montagna più alta d'Italia?

10. Come si chiamano alcuni dei personaggi famosi nati in Italia?

11. Sai dire il nome della regione più grande d'Italia.

12. Elenca cose o fatti interessanti riguardo una delle regioni.

# ANSWER KEYS

## -

# SOLUZIONI

# Answers to Part 1: Regions - Soluzioni del Modulo 1: Regioni

## Piedmont - Piemonte

| *Guessing game* | *Indovinello* |
|---|---|
| *Guess what you can see in Turin:* | *Indovina cosa puoi vedere a Torino:* |
| *A. Mummies* | *A. Mummie* |
| *Italy's largest collection from ancient Egypt is in Turin's Egyptian Museum.* | *La più grande collezione di antichità egizie in Italia si trova nel Museo Egizio di Torino.* |

## Lombardy - Lombardia

| *Guessing game* | *Indovinello* |
|---|---|
| *How long did it take to build the Duomo of Milan?* | *Quanto tempo c'è voluto per costruire il Duomo di Milano?* |
| *C. Almost 500 years* | *C. Quasi 500 anni* |

## Veneto

*Ingredients of Venice Carnival*
*Ingredienti per il Carnevale di Venezia*

*Masks* ↓        *Confetti* ↗                    *Streamers* ↘

*Maschere* ↓     *Coriandoli* →                  *Stelle filanti* ↘

# Friuli Venezia Giulia

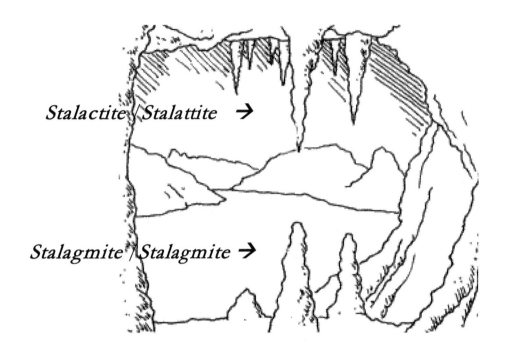

*Stalactite / Stalattite* →

*Stalagmite / Stalagmite* →

# Liguria

| *Cheese* | *Basil* | *Pinecone with pine nuts* | *Mortar* |
| *Formaggio* | *Basilico* | *Pigna con pinoli* | *Mortaio* |

# Abruzzo

1. *Abruzzo is a **region**.*

2. *Gran Sasso d'Italia is a **mountain**.*

3. *Pizzella is a **cookie**.*

4. *In this region there are three **parks**.*

5. *A wolf is an **animal**.*


1. *L'Abruzzo è una **regione**.*

2. *Il Gran Sasso d'Italia è una **montagna**.*

3. *La pizzella è un **biscotto**.*

4. *In questa regione ci sono tre **parchi**.*

5. *Il lupo è un **animale**.*


# Molise

*Musical instrument*  →  *bagpipe*
*Strumento musicale*  →  *zampogna*

*Structure made of rocks*  →  *stone wall*
*Struttura fatta con pietre*  →  *muretto*

*Movement of livestock*  →  *transhumance*
*Spostamento di animali*  →  *transumanza*

# Campania

| Words | Categories |
|---|---|
| Ischia → | Island |
| Pompeii → | Ancient city |
| Caserta Palace → | Royal palace |
| Pizza and sfogliatelle → | Traditional food |
| Pulcinella → | Carnival mask |
| Vesuvius → | Volcano |

| Parole | Categorie |
|---|---|
| Ischia → | Isola |
| Pompei → | Antica città |
| Reggia di Caserta → | Palazzo reale |
| Pizza e sfogliatelle → | Cibo tradizionale |
| Pulcinella → | Maschera di carnevale |
| Vesuvio → | Vulcano |

# Basilicata

| | |
|---|---|
| Rock → Stone | Roccia → Pietra |
| Little town → Village | Cittadina → Villaggio |
| Cave → Cavern | Caverna → Grotta |
| Basilicata → Lucania | Basilicata → Lucania |
| Inhabitants of Basilicata → Lucani | Abitanti della Basilicata → Lucani |

# Calabria

| | |
|---|---|
| Statues | ~~Large plains~~ |
| ~~Glaciers~~ | Beaches |
| Ancient ruins | ~~Waterfalls~~ |
| ~~Italy's highest mountain~~ | Natural parks |

| | |
|---|---|
| Statue | Grandi pianure |
| ~~Ghiacciai~~ | Spiagge |
| Antiche rovine | ~~Cascate~~ |
| ~~La montagna più alta d'Italia~~ | Parchi naturali |

# Sardinia - Sardegna

## *Guessing game*

*Is Sardinia the largest island in Italy?*

   *A. No, Sicily is the largest island in Italy*

## *Indovinello*

*La Sardegna è l'isola più grande d'Italia?*

   *A. No, la Sicilia è l'isola più grande d'Italia.*

# Answers to Activity Section -
# Soluzioni della Sezione di Esercizi

## ITALY / ITALIA

### Un, Una o Uno?

___UNA____ pianura　　　__UNA____ collina

___UNA____ montagna　　__UN____ mare

___UNA____ spiaggia　　__UN____ fiume

___UN____ lago　　　　__UNA____ penisola

___UN____ vulcano　　　__UNA____ città

___UNO____ stato　　　　__UNO____ stivale

### Il, Lo o La?

___LA___ pianura　　　__LA____ collina

___LA____ montagna　　__IL____ mare

___LA____ spiaggia　　__IL____ fiume

__IL____ lago　　　　__LA____ penisola

__IL____ vulcano　　　__LA____ città

__LO____ stato　　　　__LO____ stivale

# Words / Parole

| Flag | Boot | Volcano |
|------|------|---------|
| Bandiera | Stivale | Vulcano |

## *Match the words / Abbina le parole*

Capital → Rome                    Capitale → Roma

Number of regions →  20            Numero di regioni →  20

Population →  60  million          Popolazione →  60  milioni

Language → Italian                Lingua → Italiano

Currency → Euro                  Moneta → Euro

Italian Flag

Bandiera Italiana

| green | white | red |
|-------|-------|-----|
| verde | bianco | rosso |

# Connect the cities with the region they belong to

# Collega le città con le regioni a cui appartengono

| | |
|---|---|
| Abruzzo → L'Aquila | Abruzzo → L'Aquila |
| Basilicata → Potenza | Basilicata → Potenza |
| Calabria → Catanzaro | Calabria → Catanzaro |
| Campania → Naples | Campania → Napoli |
| Emilia-Romagna → Bologna | Emilia-Romagna → Bologna |
| Friuli-Venezia Giulia → Trieste | Friuli-Venezia Giulia → Trieste |
| Lazio → Rome | Lazio → Roma |
| Liguria → Genoa | Liguria → Genova |
| Lombardy → Milan | Lombardia → Milano |
| Marche → Ancona | Marche → Ancona |
| Molise → Campobasso | Molise → Campobasso |
| Piedmont → Turin | Piemonte → Torino |
| Apulia → Bari | Puglia → Bari |
| Sardinia → Cagliari | Sardegna → Cagliari |
| Sicily → Palermo | Sicilia → Palermo |
| Tuscany → Florence | Toscana → Firenze |
| Trentino-Alto Adige → Trento | Trentino-Alto Adige → Trento |
| Umbria → Perugia | Umbria → Perugia |
| Valle d'Aosta → Aosta | Valle d'Aosta → Aosta |
| Veneto → Venice | Veneto → Venezia |

# Answers to the Regions Section - Soluzioni della Sezione sulle Regioni

## Valle d'Aosta

*Answer the following questions*

1. What is the name of the region's highest mountain?

   ----- Mont Blanc ------

2. What is the name of the region's capital?

   ------ Aosta ----------

*Rispondi alle seguenti domande*

1. Come si chiama la montagna più alta della regione?

   -------- Monte Bianco  -------

2. Come si chiama il capoluogo di questa regione?

   --------- Aosta -----------

# Piedmont / Piemonte

*Answer the following questions*

1. In which part of Italy is this region located?

   -------------North --------

2. What is the name of the region's capital?

   -------------Turin ----------

3.

4. --Can you name a river that flows through the region?

   --------- Po ---------------

*Rispondi alle seguenti domande*

1. In che parte d'Italia si trova questa regione?

   ----------- Nord -----------------

2. Come si chiama il capoluogo di questa regione?

   ----------- Torino -----------------

3.

4. Conosci il nome di un fiume che attraversa la regione?

   ----------- Po ---------------

# Lombardy / Lombardia

## Sort the words:

| PEOPLE | PLACES TO VISIT | THINGS |
|---|---|---|
| Leonardo | Lake of Como | panettone |
| archbishop | Milan | water |
| designers | Duomo | |
| | Scala Theatre | |

## Smista le parole:

| PERSONE | LUOGHI DA VISITARE | COSE |
|---|---|---|
| Leonardo | Lago di Como | panettone |
| arcivescovo | Milano | acqua |
| stilisti | Duomo | |
| | Teatro alla Scala | |

# Trentino Alto Adige

*Answer the following questions*

1. What is the name of the Trentino Alto Adige's mountains?

   ---------------- Dolomites --------------------

2. Is this region by the sea?

   ----------- No -----------

*Rispondi alle seguenti domande*

1. Come si chiamano le montagne del Trentino Alto Adige?

   ----------- Dolomiti -----------------

2. Questa regione è bagnata dal mare?

   ----------- No -----------

# Veneto

*Answer the following questions*

1. In which part of Italy is this region located?

   ------------ North ------------------

2. What is the name of the region's capital?

   -------------- Venice ----------------

*Rispondi alle seguenti domande*

1. In che parte d'Italia si trova questa regione?

   ------------ Nord ------------

2. Come si chiama il capoluogo di questa regione?

   ------------ Venezia ------------

# Friuli Venezia Giulia

## Complete the sentences with the words in the box:

1. Friuli Venezia Giulia is one of Italy's REGIONS

2. The capital of the region is the city of TRIESTE.

3. In this region there are many large CAVES.

4. Timavo is a river that flows UNDERGROUND.

5. BORA is a very cold and strong wind.

6. Caves and CAVERNS are underground cavities.

## Completa le frasi con le parole contenute nel riquadro:

1. Il Friuli Venezia Giulia è una REGIONE d'Italia.

2. Il capoluogo della regione è la città di TRIESTE.

3. In questa regione si trovano delle grandi GROTTE.

4. Il Timavo è un fiume SOTTERRANEO.

5. La BORA è un vento molto freddo e molto forte.

6. Le grotte e le CAVERNE sono cavità sotterranee.

# Liguria

## Sort the words:

| PEOPLE | PLACES | THINGS |
|---|---|---|
| Christopher Columbus | Sanremo | Flowers |
| Niccolò Paganini | Genoa | basil |
| Giuseppe Mazzini | America | pesto |
| Edmondo De Amicis | Liguria | book |
| | | mortar |
| | | pasta |

## Smista le parole:

| PERSONE | LUOGHI | COSE |
|---|---|---|
| Cristoforo Colombo | Sanremo | fiori |
| Niccolò Paganini | Genova | basilico |
| Giuseppe Mazzini | America | pesto |
| Edmondo De Amicis | Liguria | libro |
| | | mortaio |
| | | pasta |

# Emilia Romagna

## Can you tell me..?

1.

**2.** What is the name of the region's capital?

------------ Bologna --------------

**3.** What is the name of the little independent state located in this region?

------------ San Marino's Republic -----------

*4.* Can you name a river that flows through the region?

---------- Po -------------

## Mi sai dire...?

1.

**2.** Come si chiama il capoluogo di questa regione?

------- Bologna -----------

**3.** Come si chiama lo stato indipendente che si trova in questa regione?

--------- Repubblica di San Marino -----------

**4.** Conosci il nome di un fiume che attraversa la regione?

--------- Po ---------------

# Tuscany / Toscana

## Complete the sentences with the words in the box:

1.  Florence is Tuscany's CAPITAL.

2.  Tuscany is a region with mountains, HILLS and plains.

3.  Florence is a city rich in ART.

4.  In the city of Florence is the statue of David, by MICHELANGELO

5.  Leonardo da Vinci is one of the many famous people born in TUSCANY.

6.  The Divine Comedy was written by the Tuscan poet DANTE.

## Completa le frasi con le parole contenute nel riquadro:

1.  Firenze è il CAPOLUOGO della Toscana.

2.  La Toscana è una regione con montagne, COLLINE e pianure.

3.  Firenze è una città ricca d' ARTE.

4.  Nella città di Firenze si trova la statua del David scolpita da MICHELANGELO.

5.  Leonardo da Vinci è uno dei tanti personaggi famosi nati in TOSCANA.

6.  La Divina Commedia è stata scritta dal poeta toscano DANTE.

# Marche

## Can you tell me..?

1. In which part of Italy is this region located?

    ----------- Center ---------------

2. What is the name of the region's capital?

    ----------- Ancona -------------

## Sort the words:

| PEOPLE | PLACES | THINGS |
|---|---|---|
| Raphael Rossini | Fabriano Ascoli Piceno | grapevines accordions |

## Mi sai dire...?

1. In che parte d'Italia si trova questa regione?

    ----- Centro ------

2. Come si chiama il capoluogo di questa regione?

    ---- Ancona ----

## Smista le parole:

| PERSONE | LUOGHI | COSE |
|---|---|---|
| Raffaello Rossini | Fabriano Ascoli Piceno | viti fisarmoniche |

# Umbria

*Answer the following questions*

1. In which part of Italy is this region located?

   ---------- Center -------------

2. What is the name of the region's capital?

   ------------- Perugia --------------

*Rispondi alle seguenti domande*

1. In che parte d'Italia si trova questa regione?

   ----------- Centro --------------

2. Come si chiama il capoluogo di questa regione?

   ----------- Perugia ----------------

# Lazio

*Answer the following questions*

1. What is the name of the capital of this region?

    ---------- Rome ---------
2.
3. Do you remember which animal is in the legend about the birth of the city of Rome?

    --------- She-wolf ------------

4. What is the name of the small state located within the city of Rome?

    ----------- Vatican City ----------------

*Rispondi alle seguenti domande*

1. Come si chiama il capoluogo di questa regione?

    ------------ Roma -----------
2.
3. Ricordi che animale c'è nella leggenda della fondazione della città di Roma?

    -----------Una lupa------------

4. Qual'è il nome del piccolo stato che si trova nella città di Roma?

    -------- Città del Vaticano --------

# Abruzzo

## Can you tell me..?

1. In which part of Italy is this region located?

    ------------ Center ----------

2. What is the name of the region's capital?

    ------------ L'Aquila ----------------

3. What is the name of the region's highest mountain?

    ------------ Gran Sasso d'Italia ----------

4.

5. What is the name of a popular cookie of Abruzzo?

    ------- Ferratelle / Pizzelle ---------

## Mi sai dire...?

1. In che parte d'Italia si trova questa regione?

    ----------------- Centro -------------

2. Come si chiama il capoluogo di questa regione?

    ---------- L'Aquila -----------------

3. Come si chiama la montagna più alta della regione?

    ------------ Gran Sasso d'Italia ----------------

4.

5. Qual'è il nome di un famoso biscotto abruzzese?

    ------------ Ferratelle / Pizzelle -------------

# Molise

## Complete the sentences with the words in the box:

1.  Molise is one of Italy's smallest REGIONS.

2.  The capital of the region is the city of CAMPOBASSO.

3.  In this region there are many STONE WALLS made of rocks.

4.  TRANSHUMANCE is an old tradition.

5.  BAGPIPES are musical instruments.

6.  In this region they make many BELLS.

## Completa le frasi con le parole contenute nel riquadro:

1.  Il Molise è una delle REGIONI più piccole d'Italia.

2.  Il capoluogo della regione è la città di CAMPOBASSO.

3.  Nel territorio di questa regione si trovano tanti MURETTI fatti di

    pietra.

4.  La TRANSUMANZA è un'antica tradizione .

5.  Le ZAMPOGNE sono strumenti musicali.

6.  In questa regione vengono prodotte molte CAMPANE.

# Campania

## Can you tell me..?

1. In which part of Italy is this region located?

   ----------- Center -------------

2. What is the name of the region's capital?

   ------- Naples ---------------

3. What is the name of the region's famous volcano?

   -------- Vesuvius ------------

4.
5. What is the name of a popular character, symbol of the city of Naples?

   -------- Pulcinella -----------------

## Mi sai dire...?

1. In che parte d'Italia si trova questa regione?

   ---------- Centro ----------------

2. Come si chiama il capoluogo di questa regione?

   ----------- Napoli -----------

3. Come si chiama il famoso vulcano che si trova in questa regione?

   ---------- Vesuvio --------------

4.
5. Come si chiama un personaggio conosciuto come simbolo della città di Napoli?

   ----------- Pulcinella -------------

# Apulia / Puglia

## Complete the sentences with the words in the box:

1.    Apulia's capital is the city of BARI.

2.    Apulia is a region with little   WATER.

3.    Farming is very important in this REGION.

4.    In Apulia there are some unusual houses called TRULLI

5.    The folk dance called "tarantella" comes from the city of
TARANTO.

6.    Some SALT WORKS can be found in this region.

## Completa le frasi con le parole contenute nel riquadro:

1.    La città di BARI è il capoluogo della Puglia.

2.    La Puglia è una regione con poca, ACQUA.

3.    In questa REGIONE l'agricoltura è molto importante.

4.    In Puglia ci sono delle abitazioni particolari  chiamate TRULLI

5.    Il ballo popolare chiamato "tarantella" viene dalla città di
TARANTO

6. In questa regione si trovano le SALINE.

# Basilicata

## *Answer the following questions*

1. In which part of Italy is this region located?

   ----------- South -------------

2. What is the name of the region's capital?

   -------- Potenza ---------------

3.
4. What is the name of the people from Basilicata?

   --------- Lucani ------------

## *Rispondi alle seguenti domande*

1. In che parte d'Italia si trova questa regione?

   ---------- Sud -----------------

2. Come si chiama il capoluogo di questa regione?

   ------------ Potenza --------------------

3.
4. Come si chiamano gli abitanti della Basilicata?

   ----------- Lucani ----------------

# Calabria

## Can you tell me..?

1. In which part of Italy is this region located?

   -------------- South -------------

2. What is the name of the region's capital?

   ----------- Catanzaro --------------------

3. What is the legend of Scylla and Charybdis about?

   ---------- Two monsters ----------------

## Sort the words:

| PEOPLE | PLACES | THINGS |
|---|---|---|
| *Homer* | *Messina Strait* | *statues* |
| *Itali* | *parks* | *columns* |

## Mi sai dire...?

1. In che parte d'Italia si trova questa regione?

   ---------- Sud ----------------

2. Come si chiama il capoluogo di questa regione?

   ----------- Catanzaro --------------

3. Di cosa parla la leggenda di Scilla e Cariddi?

   ------------- Due mostri ------------

## Smista le parole:

| PERSONE | LUOGHI | COSE |
|---|---|---|
| *Omero* | *Stretto di Messina* | *statue* |
| *Itali* | *parchi* | *colonne* |

# Sicily / Sicilia

## Can you tell me..?

1. In which part of Italy is this region located?

   ----------- South ----------------

2. What is the name of the region's capital?

   ----- Palermo ------

3. What is the name of a large volcano located in Sicily?

   -------- Mount Etna ------

## Sort the words:

| PEOPLE | PLACES | THINGS |
|---|---|---|
| *Archimedes* | *Syracuse* | *cannoli* |
| *Sicilians* | *Stromboli* | *pupi* |
| | *Agrigento* | *temples* |

## Mi sai dire...?

1. In che parte d'Italia si trova questa regione?

   ------------ Sud ---------------

2. Come si chiama il capoluogo di questa regione?

   ----------- Palermo ---------

3. Come si chiama il grande vulcano che si trova in Sicilia?

   ----------- Monte Etna ----------

## Smista le parole:

| PERSONE | LUOGHI | COSE |
|---|---|---|
| *Archimede* | *Siracusa* | *cannoli* |
| *Siciliani* | *Stromboli* | *pupi* |
| | *Agrigento* | *templi* |

# Sardinia / Sardegna

## Complete the sentences with the words in the box:

1.   The city of CAGLIARI is Sardinia's capital.

2.   The region of Sardinia is an  ISLAND.

3.   In the swamps of the southern part of the region people can watch pink FLAMINGOS.

4.   In Sardinia there are some stone buildings called NURAGHI.

5.   "Carta musica" is the name of a very dry BREAD.

6. Many CORK oaks grow in this region.

## Completa le frasi con le parole contenute nel riquadro:

1.   La città di CAGLIARI è il capoluogo della Sardegna.

2.   La regione Sardegna è un' ISOLA.

3.   Negli stagni nel sud della regione si possono osservare i FENICOTTERI rosa.

4.   In Puglia ci sono delle costruzioni di pietra chiamate NURAGHI.

5.   La "carta musica" è un PANE molto secco.

6.   In questa regione si trovano le querce da SUGHERO.

# Guess!

| City | Region | Well known for... |
|------|--------|-------------------|
| Rome | Lazio | Colosseum |
| Naples | Campania | Pulcinella |
| Venice | Veneto | Carnival |
| Palermo | Sicily | Cannoli |
| Florence | Tuscany | Art galleries |

# Indovina!

| Città | Regione | Famosa per... |
|-------|---------|---------------|
| Roma | Lazio | Colosseo |
| Napoli | Campania | Pulcinella |
| Venezia | Veneto | Carnevale |
| Palermo | Sicilia | Cannoli |
| Firenze | Toscana | Gallerie d'arte |

# Connect the words

# Collega le parole

| | |
|---|---|
| Montagna → Monte Bianco | Mountain →  Mont Blanc |
| Mare → Mediterraneo | Sea → Mediterranean |
| Fiume → Tevere | River → Tiber |
| Pianura  → Padana | Plain → Padana |
| Lago → Maggiore | Lake → Maggiore |
| Vulcano → Vesuvio | Volcano → Vesuvius |
| Isola → Sicilia | Island → Sicily |
| Cascate → Marmore | Waterfall → Marmore |
| Regione → Toscana | Region → Tuscany |
| Città → Venezia | City → Venice |

# Scegliere l'articolo giusto:

1. Roma è **LA** capitale d'Italia.
2. Venezia è famosa in tutto il mondo perché è **UNA** città con tanti canali.
3. Firenze è **UNA** città ricca d'arte.
4. Nella città di Roma c'è **UN'** altra piccola città, la Città del Vaticano.
5. Il Monte Bianco è **LA** montagna più alta d'Italia.
6. La Sicilia è **UNA** grande isola.
7. L'Italia è **UNA** penisola.
8. Il Vesuvio è **UN** vulcano.
9. **IL** Po è il fiume più lungo d'Italia.
10. L'Italia ha **UN** clima mediterraneo.

# Select the right article:

1. Rome is **THE** capital of Italy.
2. Venice is famous all over the world because it is **A** city with many canals.
3. Florence is **A** city rich in art.
4. Within the city of Rome there is **A** small city, called Vatican City.
5. Mont Blanc is **THE** highest mountain found in Italy.
6. Sicily is **A** big island.
7. Italy is **A** peninsula.
8. Vesuvius is **A** volcano.
9. **THE** Po river is Italy's longest river.
10. Italy has **A** Mediterranean climate.

## Complete the sentences with the words in the box:

1.   Rome is Italy's CAPITAL.
2.   Venice is famous all over the world because it is a city with many CANALS.
3.   Florence is a city rich in ART.
4.   In the city of Rome there is another small city, the VATICAN City.
5.   Mont Blanc is Italy's HIGHEST mountain.
6.   Sicily is a large ISLAND.
7.   Italy is a CAPITAL.
8.   Vesuvius is a VOLCANO.
9.   PO is Italy's longest river.
10.   Italy's climate is MEDITERRANEAN.


## Completa le frasi con le parole contenute nel riquadro:

1. Roma è la CAPITALE  d'Italia.
2. Venezia è famosa in tutto il mondo perché è una città con tanti CANALI.
3. Firenze è una città ricca d' ARTE.
4. Nella città di Roma c'è una piccola città, la Città del VATICANO
5. Il Monte Bianco è la montagna più  ALTA  d'Italia.
6. La Sicilia è una grande  ISOLA.
7. L'Italia è una  PENISOLA.
8. Il Vesuvio è un  VULCANO.
9. Il  PO  è il fiume più lungo d'Italia.
10.   Il clima dell'Italia è  MEDITERRANEO.

# OTHER BILINGUAL AND REFERENCE BOOKS BY LONG BRIDGE PUBLISHING

*Non Fiction:*

- Carnevale Italiano - Italian Carnival: An Introduction to One of Italy's Most Joyful Celebrations *(bilingual: Italian English)*
- Coloriamo il Natale! - Let's Color Christmas!: Calendario dell'Avvento da Colorare - Advent Coloring Book *(bilingual: Italian English)*
- Filastrocche Italiane - Italian Nursery Rhymes *(bilingual: Italian English)*
- Filastrocche Italiane Vol. 2 - Italian Nursery Rhymes Vol. 2 *(bilingual: Italian English)*
- Italian Card Games for All Ages: How to play Briscola, Scopa and many other traditional Italian card games *(English)*
- Maria Montessori, una rivoluzione nelle aule scolastiche, a quiet revolution in the classroom *(bilingual: Italian English)*
- Cristoforo Colombo *(bilingual: Italian English)*
- Galileo Galilei *(bilingual: Italian English)*

*Fiction:*

- Adriano, il Cane di Pompei – Hadrian, the Dog of Pompeii *(bilingual: Italian English)*
- Artemisia Vuole Dipingere - Artemisia Wants to Paint *(bilingual: Italian English)*
- Buon Compleanno! Una festa sottomarina - Happy Birthday! An underwater celebration *(bilingual: Italian English)*
- Marco Polo Vuole Viaggiare: Marco Polo Wants to Travel *(bilingual: Italian English)*
- Storie Italiane - Italian Stories: A parallel text easy reader *(bilingual: Italian English)*
- Storie Italiane Volume 2 - Italian Stories Volume 2 *(bilingual: Italian English)*

**See the entire catalog online at www.LongBridgePublishing.com**

Made in the USA
Middletown, DE
19 October 2020